W0317143

DAGMAR PAFFENHOLZ

Köln für Klugscheißer

Populäre Irrtümer und andere Wahrheiten

KLARTEXT

Impressum

1. Auflage März 2019

Layout, Satz:
Volker Pecher, Essen

Umschlaggestaltung:
Ina Zimmermann
Fotos Umschlag: ©ines39 – stock.adobe.com
©David J. Engel – stock.adobe.com
©flocu - stock.adobe.com
©creative studio – stock.adobe.com
©FRK Fotografie – stock.adobe.com
©by-studio – stock.adobe.com

Druck/Bindung:
Multiprint GmbH, Kostinbrod 2230,
Slavianska Straße 10 A, Bulgarien

KLARTEXT

Klartext Verlag, Essen
Jakob Funke Medien
Beteiligungs GmbH & Co. KG
Jakob-Funke-Platz 1
45127 Essen
info@klartext-verlag.de
www.klartext-verlag.de

© Klartext Verlag, Essen 2019

ISBN 978-3-8375-2078-1

Bibliografische Information der Deutschen Bibliothek
Die Deutsche Nationalbibliothek verzeichnet diese Publikation
in der Deutschen Nationalbibliografie; detaillierte
bibliografische Daten sind im Internet über http://dnb.dnb.de abrufbar.

Inhalt

Die Autorin

Dagmar Paffenholz
Nach Lehr- und Wanderjahren in Berlin und Heidelberg ist Dagmar Paffenholz wieder zurück in Köln. Hier lebt und arbeitet sie als Redakteurin und Autorin.

Zum Geleit

Ab der vierten Klasse war klar: Ohne Sehhilfe geht gar nichts mehr. Ich wurde zur Brillenschlange. „Bes du schäl?", fragte eine ältere Nachbarin im breitesten Kölsch, als sie mich in der neuen Optik sah. Damals habe ich das Wort schäl zum ersten Mal bewusst vernommen. Erst viel später erfuhr ich von Tünnes und Schäl, den beiden Prototypen des Kölners. Da hatte ich mich längst mit dem Schäl-Sein arrangiert. Die Nickelbrille wurde zum Statement – es waren die friedensbewegten 1980er Jahre – und passte gut zum selbstgestrickten Pulli und der hennaroten Lockenmähne.

Schäl wird schick: Jahrzehnte später bin ich nicht nur zu Kontaktlinsen gewechselt, sondern lebe auch wieder auf der Schäl Sick. Die rechte Rheinseite von Köln ist im Kommen, längst kein Geheimtipp mehr: Vom Deutzer Rheinboulevard gibt es die beste Aussicht auf das Stadtpanorama, das Schauspiel ist hier, ein neues Medienviertel entsteht, Messe und eine Veranstaltungsarena locken Scharen von Besuchern an.

Aber egal, von welcher Seite aus man Köln betrachtet, Köln ist vieles: weltoffen und ein bisschen selbstverliebt, bekannt fürs Klüngeln und die lebendige Kunst- und Kulturszene, hip und bodenständig zugleich. Das „kölsche Hätz" taugt wenig für Diplomatie, dafür ist es offen, ehrlich und vor allem kommunikativ. Für einen Klaaf findet der Kölner immer Zeit.

Nur eins ist Köln leider gar nicht – mit ein paar Ausnahmen, versteht sich –, nämlich schön. Zu viele Zerstörungen hat der Zweite Weltkrieg hinterlassen, die beim Wiederaufbau und in den Wirtschaftwunderjahren zu nicht wenigen Bausünden führten. Dafür überzeugt die Stadt mit ihrem Lebensgefühl, das nicht zufällig in zahllosen Liedern besungen wird. Wenn es draußen wärmer ist, spielt sich das Leben der „nördlichsten Stadt Italiens" auf den Plätzen und Parks ab. Denn Köln hat auch erstaunlich viel Grünes zu bieten, wo es sich gut grillen und chillen lässt.

All das lässt sich wunderbar bei Streifzügen durch Köln erkunden. Mal hinter die Klischees und die weitverbreiteten Irrtümer zu schauen, Vertrautes neu zu entdecken und über Unbekanntes zu staunen, sprich: Köln mal mit anderen Augen zu sehen, dabei will „Köln für Klugscheißer" helfen.

Dagmar Paffenholz

Aha

Praktische (Über)Lebenshilfe

Fünfe auch mal gerade sein lassen, getreu der Maxime: leben und leben lassen, das ist das sogenannte „Kölsche Grundgesetz“. Es vermittelt das Lebensgefühl der rheinischen Frohnaturen und bietet in elf Artikeln praktische (Über)Lebenshilfe.

Et es wie et es.

(„Es ist, wie es ist.“)
Sieh den Tatsachen ins Auge, du kannst eh nichts ändern.

Et kütt wie et kütt.

(„Es kommt, wie es kommt.“)
Füge dich in das Unabwendbare; du kannst ohnehin nichts am Lauf der Dinge ändern.

Et hätt noch emmer joot jejange.

(„Es ist bisher noch immer gut gegangen.“)
Was gestern gut gegangen ist, wird auch morgen funktionieren.
Situationsabhängig auch: Wir wissen, es ist Murks, aber es wird schon gut gehen.

Wat fott es, es fott

(„Was fort ist, ist fort.“)
Jammer den Dingen nicht nach und t[rauere] nicht um längst vergessene Dinge.

Et bliev nix wie et wor.

(„Es bleibt nichts wie es war.“)
Sei offen für Neuerungen.

Kenne mer nit, bruche mer nit, fott domet.

(„Kennen wir nicht, brauchen wir nicht, fort damit.")
Sei kritisch, wenn Neuerungen überhandnehmen.

Wat wells de maache?

(„Was willst du machen?")
Füg dich in dein Schicksal.

Maach et joot, ävver nit zo off.

(„Mach es gut, aber nicht zu oft.")
Qualität über Quantität.

Wat soll dä Kwatsch?

(„Was soll das sinnlose Gerede?")
Stell immer die Universalfrage.

Drinks de ejne met?

(„Trinkst du einen mit?")
Komm dem Gebot der Gastfreundschaft nach.

Do laachs de disch kapott.

(„Da lachst du dich kaputt.")
Bewahre dir eine gesunde Einstellung zum Humor.

Aha

Der Dom: Kulisse kölschen Lebensgefühls.
Foto: ©TTstudio – stock.adobe.com

Kölsches Lebensgefühl

Köln ist Rheinmetropole, Millionenstadt, nach Berlin, Hamburg und München die viertgrößte Stadt in Deutschland mit 1.084.795 Einwohnern. Das Wahrzeichen, der Dom, gilt als drittgrößte Kathedrale weltweit und wird jährlich von mehr als sechs Millionen Gästen besucht. Doch jenseits aller Zahlen ist Köln vor allem eins: ein Gefühl. Das kann man zwar nicht messen, dafür aber selbst erleben. Das versichern Kölner wie Imis, also Neuzugezogene, immer wieder, wenn sie erklären sollen, was das Besondere ihrer Heimatstadt ist.
Die Kölsche Seele ist in ihrem Veedel zuhause, wie der Kölner seinen Stadtteil nennt. Von ihm gibt es 86. Sie sind die Keimzelle des Kölschen Lebensgefühls, hier schlägt das „Kölsch Hätz". Viele Veedel lassen sich nicht in bürokratische (Gebiets)Raster pressen. Kölner und sogar die Imis wohnen nicht im Innenstadt-Bezirk Neustadt-Nord, sondern im Agnesviertel. Die Studierenden sind nicht in

Neustadt-Süd zuhause, sondern im „Kwartier Latäng" rund um den Zülpicher Platz. Gleiches gilt für Altstadt-Süd, zu der das Vringsveedel (Severinsviertel) zählt und wo der Einsturz des Stadtarchivs 2009 eine tiefe Wunde in die Seele der Stadt gerissen hat.

In seinem Veedel ist der Kölner tief verwurzelt, hier kennt man sich, hier hilft man sich. In diesem überschaubaren Mikrokosmos findet sich alles, was der Kölner zum Leben braucht: das Büdchen, der Bäcker, der Wochenmarkt und nicht zuletzt die Stammkneipe, die es trotz des Rauchverbots noch an jeder Ecke gibt und die für viele wie das zweite Wohnzimmer ist. Der Wirt ist Seelsorger und Sozialarbeiter in einer Person, hört zu und gibt Tipps. Und spätestens, wenn von der Kölner Musikgruppe Bläck Fööss die Lokalhymne „En unsrem Veedel" erklingt, liegen sich alle schunkelnd in den Armen – und das längst nicht nur an Karneval.

Aha

Köln in Zahlen

11.784

Kinder kamen 2017 in Köln zur Welt.

38

Prozent der Kölner haben einen Migrationshintergrund, das sind 414.789 Kölner.

9.473

Sterbefälle gab es im Jahr 2017.

19

Prozent sind Ausländer, das sind 209.520 Menschen aus über 180 Nationen.

1.676

Menschen aus Polen sind 2017 nach Köln gezogen – das Land liegt damit in der Zuwanderungsstatistik auf Platz eins vor Bulgarien (1.458) und der Türkei (1.395).

9

Stadtbezirke: Innenstadt, Nippes, Kalk, Rodenkirchen, Chorweiler, Ehrenfeld, Lindenthal, Mülheim und Porz

86

Stadtteile

1.084.795

EinwohnerInnen

41,9

Jahre ist das durchschnittliche Alter des Kölners. Jeder dritte Kölner ist jünger als 30 Jahre. Bei jungen Menschen zwischen 18 und 30 Jahren ist Köln dank der Universität besonders beliebt. 2017 sind 9.423 neu nach Köln gezogen.

3,2

Prozent hoch war der Beschäftigungszuwachs gegenüber 2016. Das sind 565.100 sozialversicherungspflichtige Beschäftigte. Das ist höher als in Nordrhein-Westfalen und höher als im Bundesgebiet, dort betrug der Beschäftigungszuwachs jeweils 2,3 Prozent.

Aha

Köln international

Über sechs Millionen Übernachtungen vermeldete die Stadt Köln für das Jahr 2017. Wer aus den deutschsprachigen Nachbarländern kam, reiste nach Köln. Aber schon der Niederländer reist nach Keulen. Und wer es in 80 Tagen um die ganze Welt schafft, legt in Kerun einen kurzen Stopp ein.

So heißt Köln in anderen Sprachen:

Kelong	**Chinesisch**
Kerun	**Japanisch**
Khōlōn	**Thailändisch**
Kjol´n	**Russisch**
Kóln	**Bulgarisch**
Keln	**Serbisch**
Kolonya	**Türkisch**
Kūlūniya	**Arabisch**
Koln	**Persisch, Paschtu**
Qöln	**Hebräisch**
Keulen	**Niederländisch**
Cologne	**Englisch, Französisch**
Colonia	**Italienisch, Spanisch**

Populärer Irrtum

Urkölner mit Humor

Kaum ein anderes Kölsches Original verkörpert so sehr die kollektiven Eigenschaften der Kölner wie Tünnes und Schäl. Wahrscheinlich sind sie genau deshalb bei den Einwohnern so beliebt. Die beiden Kultfiguren stehen für Lebensfreude, aber auch für Bodenständigkeit und Bauernschläue, gepaart mit einem deftigen Humor. Tünnes und Schäl sind genauso untrennbar mit der Stadt verbunden wie die drei K's von Köln: die Kathedrale, das Kölsch und der Karneval. Dort sind Tünnes und Schäl auch jedes Jahr aufs tausendfache anzutreffen: Tünnes als Schelm in seinem blauen Kittel, mit roten Haaren und Halstuch, Schäl als Lebemann in Frack mit Hut.

Erfunden haben die beiden Charaktere die Macher des bekannten Hänneschen-Puppentheaters. Zunächst kreierte dessen Gründer, Johann Christoph Winters, 1803 den Tünnes. Er sollte den einfachen, aber gutmütigen Bauern verkörpern, wie es ihn vor mehr als 200 Jahren vor allem im Kölner Norden häufig gab. Gut 50 Jahre später kam die Figur des Schäl dazu, der immer nach dem Erfolg schielt und so zu seinem Namen kam. Da schäl in der kölschen Mundart auch falsch bedeuten kann, spielt der Name zugleich auch auf Schäls leicht schlitzohrigen Charakter an.
Apropos Schielen: Weil die Deutzer angeblich von der rechten Rheinseite neidisch auf das schöne Altstadtpanorama „herüberschielten", wird das rechtsrheinische Köln bis heute als „Schäl Sick" bezeichnet. Wahrscheinlicher jedoch ist, dass der Name aus dem Mittelalter stammt. Damals wurden die Schiffe von sogenannten Treidelpferden den Rhein hinaufgezogen, dabei trugen die Zugtiere Scheuklappen. Wenn sie die andere Rheinseite mit den kleinen Fischerdörfern sehen wollten, müssten sie schielen können, frozzelten die Kölner von der linken Rheinseite.

Wer die Knollennase von Tünnes reibt, hat Glück. Das haben offensichtlich schon viele gemacht, denn seine Nase ist schon ganz blank gerieben. Wer auch mal sein Glück versuchen möchte, findet die Bronzefiguren von Tünnes und Schäl vor der Kirche Groß St. Martin in der Altstadt.

Foto: ©creative studio – stock.adobe.com

Populärer
Irrtum

Schicht im Schacht für die „Heinze-Menschen"

Ob Gebäudereinigung, Umzugs- oder Wäscheservice: Viele Kölner Dienstleistungsunternehmen tragen die fleißigen Helfer im Namen: Heinzelmännchen.

„Wie war zu Cölln es doch vordem mit Heinzelmännchen so bequem! Denn war man faul, – man legte sich hin auf die Bank und pflegte sich", dichtete 1836 August Kopisch über die emsigen Zwerge, die keiner je zu Gesicht bekommen hat. Mit der Ballade machte der Maler und Dichter die Legende von den

Detail des Kölner
Heinzelmännchenbrunnens.
Foto: © Wosch – stock.adobe.com

Heinzelmännchen erst so richtig populär. Zu Kopischs hundertstem Geburtstag stiftete der Kölner Verschönerungsverein den Heinzelmännchen-Brunnen. Er steht unweit des Doms und ist Ausgangspunkt zahlreicher Stadtführungen. Was kaum einer weiß: Die Legende von den fleißigen Heinzelmännchen hat ihren historischen Ursprung in der Kinderarbeit. „Heinze-Menschen" wurden in den rheinischen Bergwerken kleine Menschen und Kinder genannt, die dort in den ebenso niedrigen wie engen Schächten arbeiteten. Als Wasserknechte mussten sie mit Ledereimern das Grundwasser aus den Gruben schaufeln. Als zu Beginn des 16. Jahrhunderts die Pumptechnik entwickelt wurde, verloren die „Heinze-Menschen" ihre Arbeit. Um ihren Lebensunterhalt zu verdienen, zogen sie in größere Städte wie Köln und boten den Handwerkern für wenig Geld ihre Dienste an.

Duft-, aber kein Trinkwasser: 4711 im Flakon ist für Touristen immer noch ein Muss.
Foto: ©Nevit Dilmen/CC-BY-SA-3.0

„De Nas vun Kölle" und die Parfümfabrik

Der Flakon mit dem blaugoldenen Etikett ist ein beliebtes Souvenir bei Köln-Touristen. Der Duft von 4711 ist weltweit bekannt – bei manchem gar berüchtigt. Wer erinnert sich nicht an seine Oma, die mit ein paar Tropfen des Duftwassers auf dem Taschentuch die Schokoladenflecken im Gesicht des Enkels – unter lautem Protest, versteht sich – abreiben wollte? Wer nun meint, das war schon schlimm, kann sich freuen, dass er nicht im 18. Jahrhundert gelebt hat. Da wurde das Echt Kölnisch Wasser nämlich auch getrunken. Ein paar Tropfen im Wasser- oder Weinglas sollten gegen Kopfschmerzen und Herzbeschwerden helfen. Der Beipackzettel verhieß „durchtringende Würkungen".
Doch lange vor 4711 gab es bereits das Parfüm von Johann Maria Farina (* 1685, † 1766 in Köln). Der italienische Kaufmann hatte sein Eau de Cologne bereits 1709 auf den Markt gebracht und in Köln die vermutlich weltweit erste Parfümfabrik gegründet. Der Duft erinnere ihn an einen italienischen Frühlingsmorgen nach dem Regen, schrieb Farina. Er rieche Orangen, Zitronen, Pampelmuse, Bergamotte und Zeder. Heute erinnert seine Kreation vor allem an seine Wahlheimat und machte Köln im 18. Jahrhundert als Duftstadt weltberühmt. Die Nachfahren von Farina stellen das Original immer noch her, mittlerweile in der achten Generation. Die Parfümfabrik steht nach wie vor gegenüber dem Kölner Rathaus und beherbergt heute ein Duftmuseum.
Weil Johann Maria Farina sein „Echt Kölnisch Wasser" erfolgreich in alle Welt verkaufte, gab es bald zahlreiche Produktpiraten, die dem Erfolg nacheifern wollten. Einer von ihnen war der Unternehmer Wilhelm Mülhens. Der hatte einen guten Riecher fürs Geschäft und bekam so schnell seinen Spitznamen von den Kölnern verpasst: „De Nas vun Kölle". Seinen Namen 4711 bekam das Duftwasser angeblich während der französischen Besatzung: Der französische Kommandant Daurier soll 1794 veranlasst haben, die Häuser neu durchzunummerieren. Tatsächlich war es der Rat der Stadt Köln, der – drei Tage vor dem Franzosen-Einmarsch – eine bereits 1782 beschlossene Häusernummerierung nun auch umzusetzen gedachte. Auf diesem Wege kam das Mülhens-Haus in der Glockengasse zu seiner berühmten Hausnummer. Es befindet sich nur wenige Gehminuten vom Kölner Dom entfernt und kann besichtigt werden.
Und noch einen Grund gibt es, den Franzosen dankbar zu sein. Sie verlangten Einsicht in die Rezepte für alle innerlich anwendbaren Mittel, also auch für das Echt Kölnisch Wasser. Die wollten die Hersteller aber nicht preisgeben. Deshalb wirkten manche Duftwasser wundersamerweise auf einmal nur noch äußerlich. Ab 1810 auch 4711 Echt Kölnisch Wasser.

Aha

„Schlossallee" für Liebespaare:
die Hohenzollernbrücke.
Foto: ©Björn Wylezich – stock.adobe.com

Die Liebe hält, die Brücke ebenfalls

Was haben Rom, Riga, Prag und Peking mit Köln gemeinsam? In all diesen Städten schwören sich Verliebte ewige Liebe – und zeigen sich und der Welt das mit einem Liebesschloss, vorzugsweise an Brücken. In Köln sind diese Liebesbeweise an der Hohenzollernbrücke zu finden. In solchen Mengen, dass die Deutsche Bahn begann, sich um die Statik der Brücke zu sorgen. Immerhin ist die Hohenzollernbrücke eine der am meisten befahrenen Eisenbahnbrücken Deutschlands. Wer mit dem Zug nach Köln kommt, muss zumeist den Weg über die Rheinbrücke nehmen. Das Besondere an der zwischen 1907 und 1911 erbauten Hohenzollernbrücke: Sie ist die einzige Brücke in Köln, die während des Zweiten Weltkriegs nur gering beschädigt wurde. Um das Vordringen der

Alliierten zu verlangsamen, sprengte die Wehrmacht sie am 6. März 1945. Heute führen insgesamt sechs Gleise der Bahn sowie ein Rad- und Fußweg über die Brücke – mit Blick auf den Dom, was auch bei Nichtverliebten das Herz höher schlagen lässt. Liebespaare haben seit 2008 an den Brückengittern tausende Schlösser mit ihren Initialen befestigt und den dazugehörigen Schlüssel in den Rhein geworfen. Doch die Brücke hält, versichert die Bahn, und nimmt von ihrem Vorhaben, die Liebesschlösser zu entfernen, wieder Abstand. Verliebte weltweit atmen auf. Wer sich hingegen in New York, Paris oder Berlin ewige Liebe geschworen hat, muss um sein Glück bangen: Dort sind die Liebesschlösser wieder entfernt worden.

Aha

Ehe schließen im Eigelsteintor

Wer den „schönsten Tag des Lebens" plant, sucht einen besonderen Ort, um seiner oder seinem Liebsten das Ja-Wort zu geben. Der Romantiker wählt ein Schloss, der Abenteurer will den Bund fürs Leben während einer Ballonfahrt schließen. Wer in Köln traditionsbewusst heiraten möchte, entscheidet sich für das Eigelsteintor. Es ist eine von drei noch erhaltenen Torburgen der mittelalterlichen Stadtmauer aus dem 13. Jahrhundert. Damals war der Mauergürtel mit über sieben Kilometern Länge, 52 Türmen und zwölf Torburgen eine der größten Befestigungsanlagen Mitteleuropas. Davon erhalten geblieben sind neben dem Eigelsteintor noch das Hahnentor am Rudolfplatz und das Severinstor am Chlodwigplatz.

Heiratskulisse: das Eigelsteintor.
Foto: ©Pixelheld – stock.adobe.com

Konzert in der Kloake

Ein Konzert in einem Saal mit Kronleuchtern an der Decke, das gibt es häufiger. Wenn aber der Saal sieben Meter unter der Erde liegt, mitten in der Kanalisation, wird die Musik fast zur Nebensache. Was schade wäre, denn das etwa 3,80 Meter breite und 4,60 Meter hohe Durchmesserprofil des Veranstaltungsraums des Kölner Stadt-Entwässerungsbetriebs am Ebertplatz unweit der Innenstadt zeichnet sich durch eine besonders gute Akustik aus. Das liegt an den drei einmündenden Kanalröhren sowie an den angrenzenden Gewölberäumen und hat sich unter Musikliebhabern längst herumgesprochen. Die Karten für die fünf Konzerte pro Jahr sind immer schnell vergriffen. Ok, es müffelt ein wenig, aber wer hier in der Kloake Kölns der Kultur frönt, vergisst das rasch, zumal er gleich zu Beginn einen Strauß mit Pfefferminze in die Hand gedrückt bekommt.

Eine Gedenktafel erinnert an die Inbetriebnahme 1890 durch den damaligen Oberbürgermeister Friedrich Wilhelm von Becker. Die Kronleuchter hängen zu Ehren von Kaiser Wilhelm II. dort, der eigentlich zur Einweihung kommen sollte, dann aber doch absagte. Seit 2004 steht der Kronleuchtersaal unter Denkmalschutz.

Skurril-romantisch:
der Kronleuchtersaal.
Foto: ©A.Savin, Wikimedia Commons

Aha

Wetterfest: Eis auf dem Dach

Eis auf dem Dach ist oft ein Fall für den Dachdecker. Nicht so am Neumarkt mitten in der Kölner City. Dort thront ganzjährig eine riesige Eiswaffel auf dem Dach eines Einkaufscenters – und ist ganzjährig garantiert wetterfest. Dafür hat der amerikanische Pop-Art-Künstler Claes Oldenburg gesorgt. Er hat die drei Tonnen schwere und zwölf Meter hohe Skulptur 2001 geschaffen. Rund drei Millionen DM hat „Dropped Cone", so der offizielle Name des Kunstobjekts, gekostet. Inspiriert durch die zahlreichen Kirchen im Kölner Stadtbild, hat der Künstler die Eiswaffel auf den Kopf, also mit der Spitze nach oben, gestellt. Um die Assoziation zum Dom noch deutlicher zu machen, hatte er ursprünglich sogar noch eine zweite Eiswaffel geplant.

Spitzenperformance:
die Skulptur „Dropped Cone".
Foto: ©Dirk Bsel – stock.adobe.com

Bananengraffiti: Wegweiser zur Kunst

Die Banane hat ihn bekannt gemacht: Der Künstler Thomas Baumgärtel sprüht seine Fruchtgraffitis gerne dahin, wo sie dem Betrachter direkt ins Auge fallen. Das ganze Leben ist Kunst, schrieb der Wahlkölner in den 1980er Jahren an Hauswände – anstelle des Wortes „Kunst" setzte Baumgärtel seine gesprühte Banane, die stark an das 1967 von Andy Warhol entworfene Covermotiv für die Gruppe „Velvet Underground & [die aus Köln stammende Sängerin] Nico" und ihr gleichnamiges Album erinnert.
„Markierung von Kunstorten" nennt Baumgärtel seine Aktionen. Mittlerweile verweisen weltweit rund 4.000 Bananen auf Museen oder Galerien. Damit ist die Spraybanane zum inoffiziellen Logo für Kunst im öffentlichen Raum geworden und in der Kunstszene so begehrt wie die Michelin-Sterne in der Gastronomie. Offensichtlich auch bei den Verantwortlichen des Kölner Museum Ludwig. Als der Künstler dort 1989 seine Banane verewigen wollte, wurde er noch prompt in Gewahrsam genommen. Jahre später bat das Kunstmuseum ihn, nochmals eine Banane an die Fassade zu sprühen.

Kulturwegweiser:
Baumgärtels gesprühte Banane.
Foto: ©Fb78 / Licence / CC-BY-SA-3.0

Aha

Der Dom in Zahlen

6,5 Millionen besuchen den Dom jedes Jahr. Damit gehört er zu den beliebtesten Sehenswürdigkeiten Deutschlands.

17 Darstellungen von Dudelsäcken gibt es im Dom.

70 Bombenangriffe hat der Dom während des Zweiten Weltkriegs mehr oder weniger unbeschadet überstanden.

157,38 Meter. So hoch ist die gotische Kathedrale mit dem zweithöchsten Kirchturm Europas.

300 Nach so vielen Jahren gönnte man sich eine Pause: Baustopp.

533 Schritte sind bis zur Turmspitze nötig.

632 So viele Jahre brauchte es insgesamt, bis der Dom endlich fertig war.

1248 Grundsteinlegung und Baubeginn.

1880 Der Dom ist fertig.

1996 Als UNESCO-Welterbestätte ausgezeichnet.

2007 Der Künstler Gerhard Richter schenkt dem Dom ein Kirchenfenster aus 11.500 Glasquadraten in 72 Farben.

10.000 Quadratmeter Fensterfläche hat der Dom. Wenn man von einer Durchschnittsfensterfläche von 25 Quadratmetern bei einem Einfamilienhaus ausgeht, könnten rund 400 Einfamilienhäuser mit Fensterglas bestückt werden.

160.000 So viele Tonnen ist der Dom schwer. Das entspricht etwa dem Gewicht von 2.500 startbereiten Jumbo-Jets – aber nur fünf Prozent der Masse der Cheops-Pyramide.

Aha

Der „Dicke Pitter" vom Dom

Wenn der Kölner vom „Dicken Pitter" schwärmt, meint er nicht seinen leicht übergewichtigen Kumpel. „Dicker Pitter" nennen die Kölner liebevoll den Herzschlag von Köln, die Petersglocke, die Glocke Eins des Kölner Domgeläuts. Mit ihrem tiefen Schlagton C ist sie untrennbar mit dem Kölner Wahrzeichen verbunden. Ihrem Namen macht die Glocke alle Ehre: Sie ist 24.000 Kilo schwer und hat einen Durchmesser von 3,22 Metern. Bis November 2016 war der „Dicke Pitter" die größte freischwingende Glocke der Welt. Gegossen wurde sie am 5. Mai 1923 vom Glockengießermeister Heinrich Ulrich in Apolda. „St. Peter bin ich genannt, schütze das deutsche Land, geboren aus deutschem Leid, ruf ich zur Einigkeit" lautet die Inschrift auf der Petersglocke. Silvester hat der „Dicke Pitter" seinen großen Auftritt. Dann pilgern zahlreiche Glockenfans zum Dom. Auch zu anderen hohen kirchlichen Feiertagen ist das tiefe C vom „Dicken Pitter" zu hören.

Akustische Kölner Identität:
die St. Petersglocke.
Foto: ©Raimond Spekking / CC BY-SA 4.0

Aha

Ein Schrein für die Sterndeuter

Caspar, Melchior und Balthasar sollen sie geheißen haben, die Heiligen Drei Könige. Ob das Trio aus dem Morgenland tatsächlich gelebt hat, ist höchst umstritten. Die vermeintlichen Gebeine der „drei Sterndeuter", wie sie Matthäus in seinem Evangelium nennt, zählen jedenfalls zu den bedeutendsten Reliquien des Abendlandes. Zu bewundern sind ihre Knochen in einem goldenen Schrein hinter dem Altar des Kölner Doms, der nur deshalb zu einer riesigen gotischen Kathedrale ausgebaut wurde, um dem kostbaren Schatz zu einem angemessenen Aufbewahrungsort zu verhelfen. Rainald von Dassel, ein enger Vertrauter von Kaiser Friedrich Barbarossa und zugleich Erzbischof von Köln, hatte die Reliquie 1164 in Mailand geraubt, nach Köln mitgebracht und die Stadt damit zu einem beliebten Wallfahrtsort gemacht.
Einmal im Jahr, am Dreikönigstag, dem 6. Januar, können Kunstliebhaber und Gläubige durch eine kleine Klappe in den Schrein hineinschauen.

Der Dreikönigenschrein
im Kölner Dom.
Foto: ©Elisabeth – stock.adobe.com

Ausdruck einer existentiellen Notlage: Bürger plündern einen Kohlenzug, 1947.
Foto: Westdeutsche Allgemeine Zeitung

Klüttenklau – mit Gottes Segen

Fringsen ist längst, auch über die Stadtgrenze Kölns hinaus, zu einem Synonym für Stehlen geworden – wenn es denn aus der schieren Not heraus geschieht. Und groß war die Not wahrlich unter den Kölnern und den zahlreichen Flüchtlingen aus dem Osten, als die unchristliche Aktivität 1947 half, das Überleben zu sichern. Seit Jahrzehnten hatte es in Köln keinen so kalten Winter mehr gegeben. Zwischen Dezember 1946 und März 1947 lagen die Temperaturen an 64 Tagen morgens um acht Uhr unter dem Gefrierpunkt. Viele nahmen aus Güterzügen und Lastwagen „Klütten", also Braunkohlebriketts zum Heizen, an sich. Und nicht nur das. „Was wir geklaut haben", erinnerte sich später der Kölner Schriftsteller Heinrich Böll: „Fenster, Türen, Ziegelsteine, Brennholz, Bücher."
In seiner Silvesterpredigt erteilte der Kölner Erzbischof Joseph Kardinal Frings den Kölnern dazu seine Absolution. Im Gottesdienst zum Jahreswechsel 1946/47 hatte er zum siebten Gebot, „Du sollst nicht stehlen", gesagt: „Wir leben in Zeiten, da in der Not auch der Einzelne das wird nehmen dürfen, was er zur Erhaltung seines Lebens und seiner Gesundheit notwendig hat, wenn er es auf andere Weise, durch seine Arbeit oder durch Bitten, nicht erlangen kann."
Wie ein Lauffeuer verbreitete sich die Nachricht, dass diese ungewöhnliche Hilfe zur Selbsthilfe den Segen von höchster Stelle erhalten habe. Nicht verbreitete sich dagegen, was der Kardinal direkt danach in seiner Ansprache gesagt hatte: „Aber ich glaube, dass in vielen Fällen weit darüber hinausgegangen worden ist. Und da gibt es nur einen Weg: Unverzüglich unrechtes Gut zurückgeben, sonst gibt es keine Verzeihung bei Gott."
Der Kardinal blieb noch bis 1969 im Amt. Er starb 1978 mit 91 Jahren. Unsterblich bleibt das „Fringsen" im Kölner Wortschatz. Auch im „Wörterbuch der deutschen Umgangssprache" ist es zu finden und wird dort mit „in der Not zur Selbsthilfe greifen" erklärt.

Aha

Das Telegrafenhaus

Im heutigen digitalen Zeitalter ist es kaum noch vorstellbar, dass es Zeiten gegeben hat, in denen die Übermittlung einer Nachricht, sagen wir von Berlin nach Koblenz, rund eine Stunde gedauert hat. Sichtbarer Beleg für die Kommunikation im Schneckentempo ist das Telegrafenhaus mit seinem Signalmast an der Egonstraße im rechtsrheinischen Flittard. Der „Preußisch optische Telegraf", so der offizielle Name, war die Nummer 50 und gehörte von 1832 bis 1849 zum Kommunikationssystem zwischen Berlin und der Rheinprovinz. Etwa alle zehn Kilometer gab es solch eine Station wie die im Jahr 1833 in Flittard errichtete. Sie ist die einzige der insgesamt 62 Stationen zwischen Berlin und Koblenz, die erhalten und restauriert ist, mit der originalen Dienststube im Obergeschoss. Wer sich vorher anmeldet, kann sie besichtigen. Drei Telegrafisten arbeiteten damals in der Station, einer beobachtete die vorherige, einer stellte die Flügel der Signalmasten ein, die insgesamt 4096 verschiedene Positionen hatten, und einer kontrollierte schließlich die folgende Station, ob diese die Botschaft auch richtig weitergab. Immerhin diente die Übermittlung der militärischen Kommunikation. Doch bereits damals konnten es die Menschen kaum bis zur nächsten neuen Nachricht abwarten: Schon 1852 wurde die Station vom ersten elektrischen Telegrafen und dem Morsen abgelöst.

Rekonstruierte Steuerhebel am Mast der Telegrafenstation.

Foto: ©Superbass / HYPERLINK „https://creativecommons.org/licenses/by-sa/3.0/deed" CC-BY-SA-3.0

Newsdesk im 19. Jahrhundert:
das Telegrafenhaus in Flittard.
Foto: ©Superbass / CC-BY-SA-3.0

Populärer Irrtum

Fernöstliches Kleinod: Der Japanische Garten

Wenn einer eine Reise tut, dann kann er viel erzählen. Das gilt auch für den früheren Bayer-Direktor Carl Duisberg. Und weil er nicht nur gerne von fernen Ländern erzählte, sondern auch etwas vorzeigen wollte, präsentierte er bereits früh seine Liebe zur japanischen Bonsaizucht. Zunächst entstand der Japanische Garten als privater Garten, später in den 1950er Jahren wurde er dann zum öffentlich zugänglichen Park. Er gehört zu den schönsten Parkanlagen in Deutschland. Das sagte jedenfalls eine Fachjury, die das fernöstliche Kleinod im Jahr 2006 mit dem 5. Platz bei der Wahl zum schönsten Park in Deutschland auszeichnete. Als der Park 1960 aufgrund baulicher Veränderungen der Bayer Werke um 200 Meter verlegt wurde, kam er als Anhängsel des großen Carl-Duisberg-Parks von Leverkusen auf Kölner Territorium, in den Stadtteil Flittard, und liegt heute mitten im Industriestandort des Chemparks. Sehenswert ist das rotlackierte Teehaus, das mit seinen Buddha-Statuen, Geishas und Wasser spuckenden Drachen den Mittelpunkt des Japanischen Gartens bildet. Ein Ort der Erholung ist die 15.000 Quadratmeter große Gartenanlage zu jeder Jahreszeit, eine Augenweide ist sie vor allem im Frühjahr, wenn unzählige Kamelien, Azaleen und Rhododendren blühen.

Fernöstliche Ruheoase: der Japanische Garten in Flittard.

Foto: ©Atamari / CC-BY-SA-3.0

Aha

Kölsche Riviera

Warum in die Ferne schweifen, wenn die Riviera liegt so nah? Um in Urlaubslaune zu kommen, muss der Kölner nicht unbedingt in den Flieger steigen. Es reicht, wenn er sich in den Kölner Süden, genauer nach Rodenkirchen begibt. Dort liegt, unweit der Rheinpromenade, ein Naturstrand, der nicht nur von den Einheimischen „Kölsche Rivera" genannt wird. Auch unter Köln-Besuchern ist die Rheinidylle längst kein Geheimtipp mehr, seit sie in einem englischen Reiseführer erwähnt wurde. Palmen gibt es dort zwar nicht, dafür aber unter den alten Trauerweiden viele lauschige Plätzchen. Auch die geschichtsträchtigen Villen, die heute schicke Gastronomie beherbergen, locken Neugierige wie Hungrige an. Beliebt sind die Gastronomie-Bootshäuser, die am Rodenkirchener Ufer ankern, unter anderem die „Alte Liebe". Sie präsentiert sich ganz lokalpatriotisch in den Kölner Farben Rot und Weiß. Gebaut wurde das Boot 1911 und versorgte den Rheinverkehr mit Lebensmitteln.

Beliebter Großstadtstrand:
das Rodenkirchener Ufer.
Foto: ©ToLo46 / CC BY-SA 4.0

Das Kölner Brückengrün

Die Farbe Grün erinnert an den Frühling, weckt Hoffnung und wirkt beruhigend. Auch Konrad Adenauer hatte offensichtlich ein Faible für die Farbe. Wer den Rhein überquert und sich dabei die Brücken mal genauer ansieht, wird schnell sehen, warum. Alle Kölner Rheinbrücken sind grün, genauer gesagt Kölner Brückengrün, wahlweise auch Kölner Grün genannt. Daran ist Konrad Adenauer nicht ganz unschuldig. 1928 wünschte sich der damalige Kölner Oberbürgermeister nämlich, dass die neugebaute Mülheimer Hängebrücke einen patinagrünen Anstrich bekommt. Der Wunsch wurde ihm als Stadtoberhaupt natürlich gewährt und seitdem werden alle städtischen Brücken – Severinsbrücke, Deutzer Brücke, Zoobrücke und Mülheimer Brücke – in dem Farbton gestrichen, der aussieht wie verwittertes Kupfer.

Lediglich die Erweiterung der Deutzer Brücke ist 1980 nicht grün angestrichen worden, da ein Schutzanstrich auf Beton wenig Sinn macht. Außer der Zoobrücke stehen heute alle Kölner Rheinbrücken unter Denkmalschutz. Das erschwert es, eine andere Farbe als das Kölner Grün zu benutzen, zumal es als besonders lichtbeständig und wetterfest gilt. Auch der Landesbetrieb Straßenbau NRW verwendet den speziellen Grünton für die Rodenkirchener Autobahnbrücke. Die beiden Eisenbahnbrücken der Deutschen Bahn, die Hohenzollern- und die Südbrücke, erstrahlen zwar auch im frischen Grün, aber eben nicht im originalen Kölner Brückengrün.

Aha

Als Hexe verbrannt: Katharina Henot

Sie war erfolgreich, wohlhabend, selbstbewusst – und wurde als Hexe auf dem Scheiterhaufen verbrannt: Katharina Henot. Die Geschäftsfrau aus dem 17. Jahrhundert gilt als bekannteste Hexe von Köln. Ihre Familie betreibt eine Postmeisterei. Doch die Henots sind nicht allzu beliebt in Köln. Sie sind Migranten: Die Familie kommt ursprünglich aus den Niederlanden, von wo sie vor dem Aufstand gegen die Spanier geflohen ist. Auch der Übertritt vom Calvinismus zum Katholizismus soll ihnen nicht so recht abgenommen worden sein, und Katharinas Mutter ist adliger Herkunft. Zu allem Überfluss sind die Henots auch noch ursprünglich Seidenfärber und verfügen damit über angebliches chemisches Geheimwissen, was manchem nicht ganz geheuer ist.

Als das Familienoberhaupt stirbt, balsamiert Katharina zusammen mit ihrem Bruder den Leichnam des Vaters ein. Fragt jemand nach ihm, behaupten die beiden, er sei unterwegs auf Geschäftsreise. Um die Lizenz für die Postmeisterei nicht zu verlieren, fälschen sie seine Unterschrift. Grund der Heimlichtuerei: Ein Richter hatte zuvor bestimmt, dass das Unternehmen nach dem Tod des Vaters an einen Konkurrenten gehen solle.

Doch der Betrug fällt auf und eine „besessene" Kölnerin behauptet während einer Teufelsaustreibung, die Henot sei es gewesen, die sie verhext habe.

Ein „gemein Geschrey" gegen die erfolgreiche Unternehmerin erhebt sich in ganz Köln – vielleicht vom Neid genährt. In den folgenden Verhören streitet Katharina Henot alles ab. Wochenlang wird sie gefoltert. So schlimm, dass sie ihren letzten Verteidigungsbrief mit der linken Hand schreiben muss – die rechte kann sie nicht mehr bewegen. Doch am Ende steht das Todesurteil fest. Auf einem Karren fährt man sie durch die Stadt. Noch einmal beteuert sie ihre Unschuld – es hilft alles nichts: Am 19. Mai 1627 wird Katharina Henot auf der Richtstätte auf Melaten vor den Stadttoren Kölns vom Scharfrichter erwürgt und ihre Leiche anschließend auf dem Scheiterhaufen verbrannt. Katharina Henot ist in Köln nie völlig in Vergessenheit geraten. Es gibt einen Roman über sie, ein Lied von der Kölner Musikgruppe Bläck Fööss und seit 1989 auch eine Skulptur am Turm des Historischen Rathauses. Der Kölner Stadtrat beschloss am 28. Juni 2012 die Rehabilitierung Katharina Henots.

Skulpturen von Katharina Henot und dem Kirchenlieddichter Friedrich Spee von Langenfeld, einem Kritiker der angeblich zur „Wahrheit" führenden Folter bei Hexenprozessen, schmücken den Turm des Kölner Rathauses.

Foto: ©Raimond Spekking / CC-BY-SA-3.0

FRIEDRICH
SPEE v.
LANGENFELD
KATHARINA
HENOT

Aha

Emma, der Kölner Frauengeschichtsverein und die Frauenzünfte

Als „Kampfblatt der Emanzipation" wird die feministische Zeitschrift „Emma" von nicht wenigen geschmäht. Doch allen Unkenrufen zum Trotz: Seit mehr als 40 Jahren haben die Redaktion und ihre Herausgeberin Alice Schwarzer ihren Sitz in Köln, seit 2003 sogar im historischen Ambiente im Bayenturm, einem Wehrturm aus dem 13. Jahrhundert, der Teil der acht Kilometer langen mittelalterlichen Stadtbefestigung war. Auch die Stiftung FrauenMediaTurm nutzt den Bayenturm als feministisches Archiv und Dokumentationszentrum.

In der Altstadt ist eine weitere Frauenbastion zu besichtigen. Ein eher unscheinbares Straßenschild verweist auf eine Kölner Besonderheit: „Seidmacherinnengäßchen" ist darauf zu lesen. Der Hintergrund: In der Domstadt gab es vom 14. bis ins 17. Jahrhundert drei reine Frauenzünfte, eine Seltenheit, die sonst nur noch für Paris und Zürich historisch nachgewiesen ist. In Köln hatten sich Goldspinnerinnen, Garnmacherinnen und Seidenmacherinnen für ihre Exportgeschäfte zu Zünften zusammengeschlossen.

„Seidmachergäßchen" stand noch bis 1987 auf dem Straßenschild in der Kölner Altstadt. Die beiden Initiatorinnen Irene Franken und Gwen Kiesewalter, die später den Kölner Frauengeschichtsverein gründeten, überzeugten die Verantwortlichen der Stadt Köln, den Namen zu ändern, denn schließlich waren es ausschließlich Frauen, die dieses Handwerk ausgeübt hatten.

An Fygen Lutzenkirchen, eine bedeutende Seidenunternehmerin im Mittelalter, erinnert eine Skulptur auf dem Kölner Rathausturm.
Foto: ©Raimond Spekking / CC-BY-SA-4.0

Sitz der Stiftung FrauenMediaTurm: der Bayenturm.
Foto: ©pixs:sell – stock.adobe.com

Frauengeschichte endlich sichtbar gemacht: Irene Franken und das umbenannte Straßenschild.
Foto: Barbara Thoben

Aha

Elf Tränen und ein Todesfall

Die Kölner lieben ihre Legenden. Eine hat es sogar ins Stadtwappen geschafft. Und die geht so: Ursula, eine Königstochter aus der Bretagne, war wunderschön und sehr fromm. Bereits im jugendlichen Alter soll sie ewige Jungfräulichkeit geschworen haben. Auf der Rückfahrt einer Pilgerreise nach Rom machte sie zusammen mit ihren zehn Begleiterinnen Station in Köln. Hier wurde sie dann von Attila und seinen Hunnen überfallen. Während ihre Begleiterinnen sofort ermordet wurden, gewährte ihr Attila eine Schonfrist – er hatte sich wohl in die schöne Jungfrau verguckt. Sie verschmähte ihn aber, und er tötete sie mit einem Pfeil. Daraufhin sollen zur Strafe 11.000 himmlische Engel gekommen sein und die Hunnen aus der Stadt gejagt haben.
So lautet eine Version der Legende. Denn unklar ist, ob es elf oder gar 11.000 Jungfrauen gewesen sind, wie später erzählt wurde. Hat Ursula überhaupt gelebt? Selbst das Todesjahr ist unsicher. Das ökumenische Heiligenlexikon gibt die Jahre 304 und 451 als Todesjahr an.
Zahlreiche Reliquien kursierten und lockten zahlreiche Pilger nach Köln. Bereits im Mittelalter war Ursula zur Schutzpatronin der Kölner Tuchhändler avanciert und die Romanische Kirche St. Ursula nach der bretonischen Schönheit benannt. Erbaut ist sie über einer Grabstätte, die die sogenannte Clematius-Inschrift ziert. Sie besagt, dass an diesem Ort tatsächlich Jungfrauen den Märtyrertod erlitten haben. Manche werten dies als Beleg, dass die Ursula-Legende zumindest einen wahren Kern hat.
Fest steht zumindest: Elf Tränen – manche sehen auch Flammen – zieren das Kölner Wappen und erinnern an die Stadtpatronin. Oder sind es doch eher stilisierte Hermelinschwänze nach dem Vorbild des bretonischen Wappens?

Aha

Heinrich Böll: Der gute Mensch von Köln

Ungetrübt war das Verhältnis des Literaturnobelpreisträgers Heinrich Böll (* 21. Dezember 1917; † 16. Juli 1985) zu seiner Heimatstadt Köln nicht. Ambivalent ist eine Vokabel, die häufig zu hören ist, wenn es um Bölls Beziehung zu Köln geht. Und doch hing der Schriftsteller an ihr. Sein Geburtshaus in der Südstadt, an der Ecke Teutoburger/Alteburger Straße, existiert noch. Zu erkennen ist es an einer Inschrift in der gläsernen Eingangstür, sie erinnert an den „guten Menschen von Köln", wie ihn sein Freund und Schriftstellerkollege Lew Kopelew genannt hat.
Was Heinrich Böll an Köln mochte: auf jeden Fall den Rhein, an dessen Ufer er gerne entlang spazierte, und die romanischen Kirchen, zu denen er gerne seine Besucher führte, vor allem St. Severin, seine Heimatkirche, und St. Maria im Kapitol. Am meisten aber mochte er die kölsche Mentalität, die weltliche und kirchliche Autoritäten „nie so recht ernst, schon gar nicht wichtig" genommen hätte, schrieb er 1981.
Womit er haderte, war der Wiederaufbau in den 1950er Jahren nach den zahlreichen Zerstörungen während des Zweiten Weltkriegs. Was die Nationalsozialisten nicht vollendeten, das besorgten die Stadtväter „im dreißigjährigen Krieg der Bauplaner", kritisierte Böll. Köln wurde autofreundlich neu errichtet, etwa die Nord-Süd-Fahrt, die „ja praktisch ganze Viertel zu Friedhöfen gemacht hat".
Trotz aller Hassliebe hat Böll fast sein gesamtes Leben in Köln verbracht. Von der Südstadt zog er nach Müngersdorf und später ins Agnesviertel. Hier in der Hülchrather Straße erreichte ihn im Oktober 1972 das Telegramm aus Schweden: „Es ist ein angenehmer Auftrag, Ihnen mitzuteilen, dass die Schwedische Akademie Ihnen den Nobelpreis für Literatur dieses Jahres zugeteilt hat."
Bölls Nachlass lagerte nach dessen Tod im Kölner Stadtarchiv. Mit 380 Kartonkisten war seine schriftliche Hinterlassenschaft die größte Sammlung im Bestand des Kölner Stadtarchivs. Doch bei dessen Einsturz am 3. März 2009 wurde auch Bölls Nachlass zu großen Teilen beschädigt oder vernichtet. Vieles konnte glücklicherweise später wieder geborgen und gereinigt werden, so auch die Urkunde von Bölls Literatur-Nobelpreis.

Heinrich-Böll-Vectogramm an der Heinrich-Böll-Schule in Fürth (Odenwald).

Foto: ©Armin Kübelbeck, CC-BY-SA, Wikimedia Commons

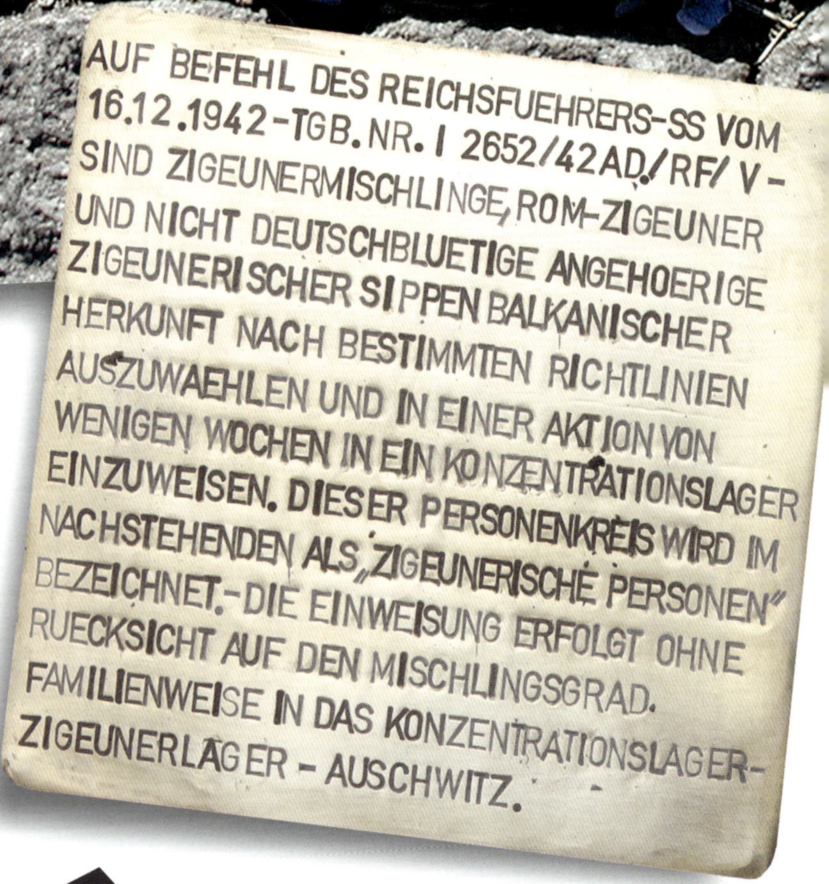
AUF BEFEHL DES REICHSFUEHRERS-SS VOM
16.12.1942-TGB.NR. I 2652/42AD/RF/V-
SIND ZIGEUNERMISCHLINGE, ROM-ZIGEUNER
UND NICHT DEUTSCHBLUETIGE ANGEHOERIGE
ZIGEUNERISCHER SIPPEN BALKANISCHER
HERKUNFT NACH BESTIMMTEN RICHTLINIEN
AUSZUWAEHLEN UND IN EINER AKTION VON
WENIGEN WOCHEN IN EIN KONZENTRATIONSLAGER
EINZUWEISEN. DIESER PERSONENKREIS WIRD IM
NACHSTEHENDEN ALS „ZIGEUNERISCHE PERSONEN"
BEZEICHNET.-DIE EINWEISUNG ERFOLGT OHNE
RUECKSICHT AUF DEN MISCHLINGSGRAD.
FAMILIENWEISE IN DAS KONZENTRATIONSLAGER-
ZIGEUNERLAGER - AUSCHWITZ.

Aha

Spur der Steine

Seine Stolpersteine sind nur zehn mal zehn Zentimeter groß, kleine Würfel aus Beton, auf denen sich oben eine Messingtafel befindet. Auf diesen goldfarbenen Tafeln erinnert Gunter Demnig an Menschen, die von Nationalsozialisten ermordet wurden. Der Kölner Bildhauer nennt seine Stolpersteine „das größte dezentrale Mahnmal der Welt". Rund 63.000 Stolpersteine in mehr als 22 Ländern hat Demnig mittlerweile verlegt.

Ihren Ursprung haben die Gedenksteine in Köln, direkt vor dem Historischen Rathaus der Stadt. Hier verlegte Gunter Demnig am 16. Dezember 1992 den Grundstein. Genau 50 Jahre zuvor hatte Heinrich Himmler im sogenannten Auschwitz-Erlass die Ermordung der Sinti und Roma angeordnet. Auf dem Stein im Straßenpflaster waren die Anfangszeilen von Himmlers Erlass zu lesen, im Hohlkörper des Steins der gesamte Text.

Die Idee zu den Stolpersteinen kam Gunter Demnig bei der Spurensuche der NS-Verfolgung von Sinti und Roma in Köln bereits zwei Jahre zuvor, als er mit weißer Kreide den Weg markierte, den 1000 Sinti und Roma vom Internierungslager in Köln-Bickendorf zum Bahnhof in Köln-Deutz zurücklegen mussten, um von dort aus in die Vernichtungslager nach Polen deportiert zu werden. „Spur der Erinnerungen" nannte Demnig sein Projekt. Als eine Frau ihm gegenüber behauptete, „Zigeuner" hätten dort nie gelebt, sei ihm das Kinn runtergefallen, erinnert er sich. Und ihm wurde klar: „Ich muss weitermachen."

Der erste verlegte Stolperstein vor dem Rathaus
mit dem Deportationsbefehl von Heinrich Himmler.
Foto: HOWI / CC-BY-SA-3.0

Aha

Die Kölner Edelweißpiraten

Aufzubegehren ist ein Privileg der Jugend, das galt selbst in Zeiten des Nationalsozialismus. Doch selten waren die Folgen so drastisch wie bei den Kölner Edelweißpiraten. Drei von ihnen wurden am 10. November 1944 in Köln-Ehrenfeld von der Gestapo öffentlich ermordet.

Die Edelweißpiraten waren Teil einer Jugendbewegung, die sich in den 1930er Jahren in einigen rheinischen Städten gebildet hatte. Die Jugendlichen opponierten gegen den Drill in der Hitlerjugend, hatten lange Haare und legere Kleidung, sie spielten Gitarre und machten Ausflüge aufs Land. Einige trugen heimlich als Abzeichen ein Edelweiß an ihrer Kleidung. Die Edelweißpiraten verstanden sich zunächst nicht als politische Gruppierung, anders als die NS-Verantwortlichen, die ihr Anders-Sein als politischen Widerstand ansahen.

Im Laufe der Zeit begannen Edelweißpiraten in Köln Juden, Zwangsarbeiter und Deserteure zu verstecken. Dafür verübten sie Einbrüche und stahlen Lebensmittel.

Einer von ihnen war Jean Jülich. Seine Erinnerungen hat er 2003 im Buch „Kohldampf, Knast un Kamelle" aufgeschrieben. Da war nicht nur er längst rehabilitiert. Lange war diskutiert worden, ob die Aktivitäten der Edelweißpiraten als Widerstand oder Kriminalität zu bewerten seien. Die Holocaust Gedenkstätte Yad Vashem in Jerusalem ehrte Jean Jülich hingegen bereits 1984 als Gerechten unter den Völkern.

Jean Jülich.

Foto: ©Factumquintus / CC-BY-SA-3.0 (ganze Figur)

Aha

Der Rheinpark

Zwischen Mülheimer Hafen und Hohenzollernbrücke liegt auf der rechten Rheinseite in Deutz der rund 40 Hektar große Rheinpark. Der beliebte Ausflugsort blickt auf eine wechselvolle Geschichte zurück. „Blumen blühen am Rhein", lautete 1957 das betont harmlos klingende Motto der Bundesgartenschau auf dem Gelände. Sie stand ganz im Zeichen des Wiederaufbaus. Denn der Zweite Weltkrieg hatte die Grünanlage wie so vieles andere auch in Köln zu einer Trümmerlandschaft mit zahllosen Bombentrichtern verwandelt. Wohn- und Gewerbehäuser wiederaufzubauen war zunächst dringlicher gewesen. Mit der Bundesgartenschau sollte eine neue Leichtigkeit in das Köln der Nachkriegszeit geholt werden. Was für ein Aufblühen! Und die Besucher strömten in den einst vom bekannten Gartenarchitekten Fritz Encke entworfenen Park: rund 4,3 Millionen in 179 Tagen. Zum Lebensgefühl der Zeit passte auch das neue Café im Park: Runde Formen und beschwingte Linien prägten das von Architekt Rambald von Steinbüchel-Rheinwall entworfene Café.
Was zu jener Zeit kaum noch einer wissen wollte: In der Zeit des Nationalsozialismus war das Gelände des „Rheinvolksparks" beschlagnahmt worden. Aus dem von der Wehrmacht hier eingerichteten Kriegsgefangenenlager wurden ab Mai 1940 1.500 Sinti und Roma, ab Oktober 1941 11.000 Juden in Konzentrations- und Vernichtungslager deportiert. Im September 1943 wurde eine Außenstelle des KZ Buchenwald eingerichtet.

Grüne Oase mit dunkler Geschichte: der Rheinpark.
Foto: ©Tom Bayer – stock.adobe.com

Aha

Von Anfang an: Jüdisches Leben

321 Erstmals wird eine größere Gruppe jüdischer Einwohner im Dekret Kaiser Konstantins erwähnt.

1040 Eigenes Stadtviertel mit Synagoge.

1096 Während des ersten Kreuzzugs werden viele Juden in Köln getötet, die Synagoge wird zerstört.

1349 Während einer Pestepidemie wird das jüdische Viertel in Brand gesteckt und die Bewohner werden ermordet.

Die Kölner Synagoge
in der Roonstraße.
Foto: ©Hpschaefer / CC-BY-SA-3.0

1424 Juden werden aus der Stadt verwiesen. Nur tagsüber, mit Erlaubnis und unter Aufsicht, dürfen einzelne Juden die Stadt betreten. Nach der Ausweisung siedelten sich viele Kölner Juden in Deutz an, wo sie unter dem Schutz des Erzbischofs Dietrich von Moers (1414–1463) eine Gemeinde bildeten. Im 16. Jahrhundert wird das erste Mal eine Synagoge in Deutz erwähnt.

1798 Während der französischen Besetzung erhalten Juden wieder das Recht zur Niederlassung.

1801 Gründung einer jüdischen Kultusgemeinde.

1861 Einweihung der Synagoge Glockengasse.

1899 Die große Synagoge in der Roonstraße wird erbaut.

1907/08 Einweihung des neuen Israelitischen Asyls in der Ottostraße. Die Anlage umfasst ein Krankenhaus, ein Heim für Altersschwache und Sieche, Liegehallen, ein Schwesternhaus, ein Kesselhaus und eine Wasch- und Kochküche. Das ursprüngliche, 1869 der Bestimmung übergebene „Israelitische Asyl für Kranke und Altersschwache" an der Silvanstraße hatte mehreren Erweiterungen nicht genügend Platz geboten.

1933 Vor dem Machtantritt der Nationalsozialisten leben rund 20.000 Juden in Köln.

1938 Während der Pogromnacht zerstören die Nazis Synagogen, ungezählte jüdische Wohnungen und Geschäfte. Während der Shoa wurden mehr als 11.000 Kölner Juden von den Nazis ermordet, den restlichen gelingt es, in andere Länder zu fliehen.

1953-1957 Bei Ausgrabungen rund um das Rathaus werden neben jüdischen Privathäusern aus dem Mittelalter auch eine Synagoge, das Ritualbad Mikwe, eine Bäckerei, ein Hochzeits- und Spielhaus und ein Hospiz entdeckt. Grundrisse der Gebäude sind im Pflaster kenntlich gemacht.

1959 Am 20. September wird die wieder aufgebaute Synagoge in der Roonstraße eingeweiht.

2003 Rückkehr der jüdischen Gemeinde in das alte denkmalgeschützte Israelitische Asyl in die Ottostraße in Ehrenfeld, das als Wohlfahrtszentrum unter anderem ein Elternheim, eine Grundschule und eine Kindertagesstätte beherbergt.

19.08. 2005 Erster Synagogenbesuch eines Papstes in Deutschland: Papst Benedikt XVI. kommt in die Roonstraße.

Blick auf den Toraschrein, die Bima und das Ner Tamid.
Foto: HOWI / CC-BY-SA-3.0

Lebendiges Wasser

Sie gilt weltweit als eines der am besten erhaltenen jüdischen Ritualbäder aus dem Mittelalter: die Mikwe unter dem heutigen Kölner Rathausplatz. Im Mittelalter war dort der Mittelpunkt des jüdischen Viertels. Die Judengasse in der Altstadt erinnert noch heute daran. In sogenannten Schreinsbüchern, Vorläufern des heutigen Grundbuchs, ist sie ab 1136 zu finden. Vom pulsierenden Leben im jüdischen Viertel ist kein sichtbares Zeugnis geblieben – bis auf das 1170 erbaute Ritualbad. Mikwe kommt aus dem Hebräischen und bedeutet „Ansammlung lebendigen Wassers". Um an „lebendiges Wasser" wie beispielsweise von einer Quelle zu gelangen, gruben die damaligen Bewohner des Viertels einen rund 17 Meter tiefen Schacht bis zum Grundwasser. Das war für die rituelle Reinigung nötig, um am religiösen Gemeindeleben teilnehmen zu können.
Dass die Mikwe Teil der Archäologischen Zone und ein zentraler Bereich der entstehenden ober- und unterirdischen Museumslandschaft „MiQua" („Museum im Quartier") rund um den Rathausplatz am Gürzenich sein wird, verdankt sie paradoxerweise ihrer Zerstörung. Denn ihr unterirdischer Teil wurde erst als Brunnen, später als Abfallgrube und Kloake genutzt. Erst bei Ausgrabungen in der zu weiten Teilen während des Zweiten Weltkriegs zerstörten historischen Innenstadt wurde die Mikwe dann wiederentdeckt. Durch eine gläserne Pyramide kann heute in den Brunnenschacht geschaut werden.

Die 1956 wiederentdeckte Kölner Mikwe aus dem 11. Jahrhundert.
Foto: ©HOWI / CC-BY-SA-4.0

Aha EXTRA

Rätselhaftes Köln

1. Wieso sind Rot und Weiß die Kölner Farben?
2. Was meint der Volksmund, wenn er „Zint Märjens Repp", übersetzt: Sankt Marias Rippe, sagt?
3. Was ist ein Quallmann?
4. Wo liegt der höchste Berg Kölns?
5. Kotzgasse? Heißt so wirklich eine Straße in Köln?
6. Was ist in Köln eine Zitronenpresse?
7. Wer ist der dicke Herkules?
8. Warum hat der Kölner Fußballverein einen Ziegenbock als Maskottchen?
9. Warum trinken Kölner ihr Bier aus sogenannten Stangen?
10. Wer oder was ist der Klingelpütz?
11. „Ich bin ein Kölsch": Wer hat das von sich behauptet?

Historischer Hafenkran im Kölner Rheinauhafen.
Foto: ©dihetbo – stock.adobe.com

Seine Majestät, Hennes VIII., das Wappentier des 1. FC Köln.
Foto: Nicola, Wikimedia Commons, CC-by-sa 4.0

1. Nicht der Kölner Fußballverein, der 1. FC Köln, ist schuld daran, dass die Farbkombination in Köln so beliebt ist. Die Hanse ist Grund der rot-weißen Vorliebe, denn es sind die Farben der Hanse. Köln war Mitbegründerin der deutschen Hanse.

2. Knochen eines Grönlandwals sind im südlichen Seitenschiff von St. Maria im Kapitol zu bestaunen. Woher sie stammen, warum sie dort hängen? Keiner weiß es.

3. Kölsch für Pellkartoffel. Sie quillt im Kochwasser auf.

4. Der „Monte Troodelöh" mit seinen 118 Metern liegt im Königsforst, einem Waldgebiet in Rath/Heumar.

5. Ja, bis 1812. Dann benannte Ferdinand Franz Wallraf die Straße hinter dem Hauptbahnhof in Kostgasse um. Dabei leitet sich der ursprüngliche Name von einem Stoff für Pferdecken ab. Doch nicht nur diesen Straßennamen änderte Wallraf im Auftrag der Franzosen. Aus dem „Pißgässgen" wird das „Börsengässchen", aus der „Schmierstraße" die „Comödienstraße".

6. Ein Küchengerät. Und eine Kirche: Die Kölner nennen die St. Engelbert -Kirche in Riehl so. Fachleute sprechen bei den ovalen Gebäudeteilen wohl eher von „parabelförmig". Kardinal Frings hielt hier 1946 seine berühmte Silvesterpredigt.

7. So wird im heute hippen Rheinauhafen ein ehemaliger Verladekran genannt. Er hob einst ein anderes Schwergewicht: den „dicken Pitter", die St. Petersglocke des Kölner Doms.

8. Dem Verein fehlte 1950 ein Glücksbringer und so kam Zirkusdirektor Johann Thelen während der Karnevalszeit auf die Idee, dem Verein einen Ziegenbock zu schenken. Hennes heißt er, nach dem damaligen Trainer Hennes Weisweiler. Schnell wurde der Geißbock zum Identifikationsobjekt des Vereins – längst heißt das Clubhaus des 1. FC Köln denn auch „Geißbockheim".

9. Das ist angewandte Chemie: Kölsch hat weniger Kohlensäure als beispielsweise ein Pils. Je weniger das Kaltgetränk also mit Luft in Berührung kommt, desto weniger Kohlensäure kann entweichen, sprich: kann das Bier nicht so schnell schal werden.

10. So hieß das alte Stadtgefängnis in der Nähe des Hansarings. Benannt war es nach dem Grundstück der Familie Clingelmann, auf dem es zahlreiche Brunnen gab, in Köln gerne Pütz genannt. Auch nach dem Umzug der Justizvollzugsanstalt nach Ossendorf blieb es bei den Kölnern beim Namen Klingelpütz als Synonym für Gefängnis.

11. Das soll Bill Clinton angeblich nach seinem Besuch in einem Kölner Brauhaus beim G8-Gipfel 1999 gesagt haben.

Populärer
Irrtum

Köln kulinarisch

Wer als Kölner Besuch von auswärts bekommt, geht mit ihm gerne in ein Brauhaus. Das ist typisch kölsch und satt wird man auch. Der Unterhaltungswert ist ebenfalls nicht zu verachten, sorgt doch das eine oder andere Gericht auf der Speisekarte für Verwirrung beim ortsunkundigen Gast.

Doch zunächst werden die Besucher mit einem Kaltgetränk versorgt. Das besorgt der Köbes. So heißt der Kellner im Brauhaus, der das Kölsch in einem Kranz bringt, wie das runde Serviertablett mit Vertiefungen für die Gläser genannt wird, die aber als Stangen bezeichnet werden. Damit wäre der Anfang des Brauhaus-Einmaleins bereits geschafft:

Köbes = Kellner,
Kranz = Serviertablett,
Stangen = Gläser.

Kölschkranz.
Foto: ©Björn Wylezich – stock.adobe.com

Gebratene Blutwurst.
Foto: ©creative studio – stock.adobe.com

Damit der Brauhausbesuch nicht im Vollrausch endet, ist noch wichtig zu wissen, dass der Köbes so lange – ungefragt – für Nachschub sorgt, bis der Gast einen Bierdeckel auf sein Glas legt.

Wenn die neuen Vokabeln verinnerlicht sind, kann bestellt werden. Vielleicht ein „Halver Hahn"? Wer nun denkt, diese Kölner Spezialität sei leicht zu ergründen, erliegt bereits dem ersten Irrtum. Die kleine Mahlzeit für zwischendurch ist nämlich kein geteiltes Grillhuhn, sondern ein Röggelchen, belegt mit einer dicken Scheibe altem Gouda. Ähnlich ist der „Kölsche Kaviar", bei dem es sich nicht um ein Fischbrötchen handelt, ein Röggelchen mit Blutwurst, die in Köln typischerweise „Flönz" genannt wird. Die „Flönz" spielt auch eine wichtige Rolle bei „Himmel und Äd". Das ist ein Gericht aus Kartoffeln und Äpfeln, die mal separat, mal untereinander gemischt serviert werden. Die „Höll" dabei ist ein Stück gebratene Blutwurst.

Was im Rest der Republik schnöde als Eisbein mit Sauerkraut daherkommt, ist in Köln als „Hämmche" bekannt. Die Vorderhachse oder Hinterkeule des Schweins wird mit „soore Kappes" serviert, unschwer als Sauerkraut zu identifizieren.

Beliebt ist auch der „Soorbrode". In der rheinischen Variante gibt es den Sauerbraten mit Rosinen und zumindest früher aus Pferdefleisch. Heute nimmt man dann doch eher Rindfleisch für das traditionelle Gericht.

Wem das alles allzu deftig ist, der wählt am besten „Klatschkies met Quallmänner", andernorts bekannt als „Folienkartoffel mit Quark".

Für den kleinen Verdauungsspaziergang danach ist der Brauhauswanderweg durch die Gassen der Kölner Altstadt zu empfehlen. Er führt an Kirchen, dem Rathaus und auch an einem Bierbrunnen vorbei, für den kleinen Durst zwischendurch natürlich auch an einer der weiteren typisch kölschen Brauereien. Vielleicht ist dann auch wieder Platz für einen „Rievkoche" (Reibekuchen), der in Köln mit Apfelmus oder Rübensirup gereicht wird.

Den „Pottschlot" gibt's dann am nächsten Tag zu Hause kredenzt. Für die rheinische Hausmannskost wird Endiviensalat unter den Kartoffelbrei gerührt. Wer mag, nimmt noch eine Bratwurst dazu.

Aha

Darum schimpft es sich auf Kölsch so schön

Manches sagt man nicht. Das wissen wir seit Kindheitstagen. Denken tut man es aber trotzdem. Und wenn es einem dann doch mal laut rausrutscht, klingt es im Kölschen fast schon wieder wie ein Kosename, wie: „Du kleiner Knüssel, du."

Knüssel: Dreckspatz

Kniesbüggel: Geizkragen

Fiese Möpp: Mistkerl

Muuzepuckel: Beleidigte Leberwurst

Pappnas: Dussel, eher harmlos-freundlich gemeint

Schwaadlappen: Schwätzer

Strunzer: Angeber

Wibbelstätz: Jemand, der nicht stillsitzen kann

Aha

Das Eidbuch, Preußen und der Rosenmontagszug

„Ich kumm us der Stadt met K", singt die Kölner Band Kasalla in einem ihrer beliebtesten Hits. Zu der „Stadt mit K" gehören auch die anderen drei K's: die Kathedrale, das Kölsch und natürlich der Karneval – dieser bereits seit dem Mittelalter. Das belegt ein Eintrag im sogenannten Eidbuch der Stadt vom 7. März 1341.
Dort ist auch zum ersten Mal das Wort „Fastelovend" dokumentiert. Handwerker hatten dagegen protestiert, dass die „Richerzeche", eine damals machtvolle weltliche Bruderschaft aus wohlhabenden Bürgern, zur Fastnacht vom Rat der Stadt besonders viel Geld bekam. Den berühmt-berüchtigten Klüngel gab es offensichtlich damals schon, denn Mitglieder der Zeche gehörten dem Stadtrat an und hatten so für den üppigen Geldsegen gesorgt. Die Protestler setzten sich durch, der Rat durfte ab sofort keine Feierzuschüsse mehr bewilligen.
Karneval, so wie er heute gefeiert wird, gibt es seit 1823. Nach dem Abzug der Franzosen und dem Einzug der Preußen waren Maskenbälle zwar wieder erlaubt, aber der Straßenkarneval war ins Hintertreffen geraten. Ein festordnendes Komitee bildet sich, das den strengen Preußen anbietet, das närrische Treiben in geordnete Bahnen zu lenken. Der organisierte Sitzungskarneval ist geboren. Auch der zentral organisierte Rosenmontagszug findet erstmals 1823 statt.

Karnevals-„Prozession" ins Altstadt-Wirtshaus.
Foto: ©Plumpaquatsch / CC-BY-SA-3.0

Kölsches Lebenselixier: der Karneval.
Fotos: Volker Hartmann / Funke Foto Service (o., u.l.); ©Kzenon – stock.adobe.com (u.r.)

Mer losse d'r Dom en Kölle

Aha

Die närrische Elf

In Köln ist die Zahl 11 omnipräsent. Warum, ist zwar nicht so ganz klar. Fest steht jedenfalls: Ohne die 11 geht im Kölner Karneval gar nichts: Am 11.11. beginnt das närrische Treiben, natürlich pünktlich um 11.11 Uhr. Den Vorsitz der Karnevalssitzungen übernimmt wer? Richtig: der Elferrat.
Erklärungen für die närrische Elf gibt es viele, als wahrscheinlichste gilt die religiöse Variante: Die Zahl steht als Symbol für Sünde und Maßlosigkeit, denn Gebote gibt es nur zehn, und dass maßlos im Karneval getrunken wird, ist eher die Regel als die Ausnahme. Interessant, wenn auch unbewiesen, ist die Version, die Elf setze sich aus dem Motto der französischen Revolution zusammen: e = égalité, l = liberté, und f = fraternité.
Auch außerhalb des Karnevals sind im Kölner Stadtwappen 11 Flammen zu sehen. Sie stehen symbolisch für die Heilige Ursula und ihre 11.000 Jungfrauen. Und mit der Kölner 11 ist nicht der örtliche Fußballverein gemeint, sondern der Zusammenschluss der Bürgerzentren.

Narrenkappe.
Foto: Smial, Wikimedia Commons, CC-by-sa 4.0

Der Nubbel brennt

Die kölsche Variante des Sündenbocks ist der Nubbel. Der ist schuld und wird deshalb einmal im Jahr verbrannt. Am Ende des Karnevals, wenn am Aschermittwoch bekanntlich alles vorbei ist. Der Nubbel kommt als Strohpuppe daher und personifiziert die Vergehen der vergangenen (Karnevals-)Tage. Die Sünden sollen quasi in Rauch aufgehen und so soll ein guter Start in die kommende Fastenzeit gewährleistet werden.
Der Beginn der Nubbelverbrennung ist zunächst feierlich: Der Zeremonienmeister verliest das Sündenregister. Nach jeder Missetat ruft die Menge: „Der Nubbel ist dat schuld!" Unter lautem Wehklagen wird die Strohpuppe schließlich angezündet.
Gefeiert wird der Brauch in Köln erst seit den 1950er Jahren, doch bereits zuvor wurde der Nubbel am Ende einer Kirmes verbrannt. Auch sagt man auf Kölsch, wenn man nicht weiß, wo jemand steckt: „Dä es beim Nubbel!" (Der ist beim Nubbel!)

Nubbel in der Kölner Südstadt.

Foto: ©Superbass / CC-BY-SA-3.0

Populärer **Irrtum**

Barbarastollen unter der Uni

Wer beim Kölner Barbarastollen an eine kulinarische Weihnachtsspezialität denkt, liegt leider völlig daneben. Der Kölner Stollen ist nämlich kein Backwerk, sondern tatsächlich ein Bergwerk, wenn auch nur zu Übungszwecken.

Was nicht weiter verwundert, liegt Köln doch bekanntermaßen im Rheinland und nicht im Ruhrgebiet. Aber Studierende sollten in den 1930er Jahren hautnah erleben, wie sich das Arbeiten unter Tage anfühlt, und so hatte der Essener Maler und Grafiker Kurt Holl nach dem Vorbild von Ruhrgebietszechen den Barbarastollen täuschend echt nachempfunden. Deshalb liegt das Schaubergwerk auch folgerichtig unter der Kölner Universität, genauer gesagt am Albertus-Magnus-Platz. Während des Kriegs geriet der 40 Meter lange Stollen in Vergessenheit, in den 1960er Jahren wurde er dann zufällig wiederentdeckt. Einmal im Jahr kann der Stollen, der nach der Schutzheiligen der Bergleute, Barbara, benannt ist, besichtigt werden.
Während linksrheinisch der Bergbau nur geübt werden sollte, gab es im rechtsrheinischen Kalk einen echten Versuch, Braunkohle zu fördern. Dort war Mitte des 19. Jahrhunderts auf dem heutigen Gelände einer Brauerei ein Flöz entdeckt worden. Doch bereits nach zwölf Jahren war schon wieder Schicht im Schacht.

Schaubergwerk der Universität Köln: der Barbarastollen.
Foto: ©Michael Kramer / CC-BY-SA-3.0

Relikt des Kalten Kriegs

Offiziell wurde der Kalte Krieg nie erklärt. Dennoch währte er mehr als 40 Jahre. Mit dem Zerfall der Sowjetunion wurden die Spannungen zwischen den NATO-Staaten und der Sowjetunion und den Staaten des Warschauer Pakts für beendet erklärt.
Ein Relikt des Kalten Kriegs sorgt heute in Köln immer noch für den Grusel-Faktor: der Atomschutzbunker unter der U-Bahn im rechtsrheinischen Kalk an der Post. Noch in den 1970er Jahren wollten die Verantwortlichen der Stadt für den Fall des Falles vorbereitet sein. Zumindest für 2.366 Menschen sollte der Zivilschutzraum 14 Tage lang Unterschlupf bieten. Zehn solcher Schutzanlagen waren geplant, nur zwei wurden fertig gestellt. Die zweite unter dem Rudolfplatz wurde jedoch wieder zurückgebaut, sodass der Atombunker in Kalk als einziger erhalten geblieben ist. Erst 2005 wurde der Bunker außer Betrieb genommen. Seit 2016 kann er besichtigt werden.

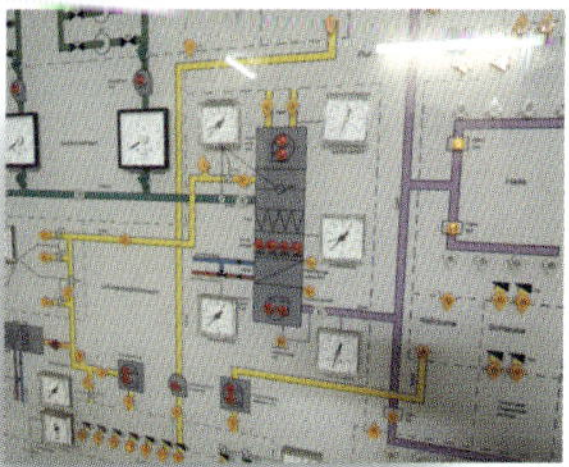

Atombunker in Kalk.

Fotos: ©Robert Schwienbacher / DOKK

Populärer **Irrtum**

Ein Hauch von Sansibar

Leuchttürme dienen in der Regel in der Schifffahrt der Orientierung. In der Dunkelheit sollen sie den Schiffen den Weg weisen. Der Heliosturm in Köln-Ehrenfeld hingegen steht so weit entfernt vom Rhein und von der Küste, dass er im Zweifel nur den Nachtschwärmern den Weg nach Hause leuchten könnte.

Kneipen, Clubs und Dönerbuden gibt es im hippen Szeneviertel schließlich genug. Doch der rund 44 Meter hohe Turm hatte einst nur eine Funktion: Er war das Wahrzeichen der 1882 gegründeten Helios-Werke, in denen von rund 1.000 Beschäftigten elektrische Anlagen – unter anderem für Leuchttürme – gefertigt wurden. Seit 1996 stehen Turm wie Produktionshallen der Helios AG im einstigen Arbeiterviertel unter Denkmalschutz.

Was lebt, ist der Mythos. Gerne wird er bei einem Kölsch oder auch zweien erzählt: Der Turm sei ursprünglich für Sansibars Küste gebaut worden, doch durch den Tausch von Sansibar gegen Helgoland der Kolonialmächte Großbritannien und Deutsches Reich habe es der Turm nie auch nur in die Nähe von Wasser geschafft. Leuchttürme habe es auf Helgoland bereits mehr als genug gegeben. Anders als in Ehrenfeld. So wurde aus dem Leuchtturm eine Leuchtreklame. Heute leuchtet der Turm „als Wahr- und Erinnerungszeichen einer untergegangenen Industrie wieder mit einem schwachen Dauerlicht über Ehrenfeld", wie etwas wehmütig auf den Seiten der rheinischen Industriekultur zu lesen ist.

Der Heliosturm.

Foto: ©Superbass / CC-BY-SA-4.0

Populärer
Irrtum

Einmal Güstrow und zurück

Als „entartete Kunst" haben die Nationalsozialisten 1937 den Schwebenden Engel des Bildhauers Ernst Barlach geschmäht und ihn aus dem Gotteshaus in Güstrow in Mecklenburg-Vorpommern verbannt. Für Kriegszwecke ließen sie die Bronzeskulptur einschmelzen. Ironie der Geschichte: Barlach hatte den Engel zehn Jahre zuvor eigens als Mahnmal für die Gefallenen des Ersten Weltkriegs entworfen – als Gegenentwurf zu den damals weit verbreiteten Heldendenkmälern.

Was die Nationalsozialisten nicht wussten: Freunde des 1938 verstorbenen Künstlers hatten einen Nachguss anfertigen lassen, und so überlebte das Gipsmodell das „1000-jährige Reich" versteckt in der Lüneburger Heide beim Maler Hugo Körtzinger. Er bot nach dem Ende des Zweiten Weltkriegs den Engel verschiedenen Museen zum Kauf an. Eine Spendenaktion ermöglichte es, den Bronzeengel 1952 nach Köln zu holen, pünktlich zur Wiedereinweihung der evangelischen Antoniterkirche in der Kölner Innenstadt. Dort schwebt der Engel seitdem in einem Seitenschiff. In dem Gesicht erkennen viele Betrachter die Gesichtszüge von Käthe Kollwitz, nicht zu Unrecht: „In den Engel ist mir das Gesicht von Käthe Kollwitz hineingekommen, ohne dass ich es mir vorgenommen hatte. Hätte ich sowas gewollt, wäre es mir wahrscheinlich missglückt", hat Ernst Barlach früh die auffallende Ähnlichkeit mit seiner Künstlerfreundin erklärt.

Was zwei Mal möglich war, gelang auch ein drittes Mal: Ein weiterer Bronzeabguss wurde angefertigt, den die Evangelische Gemeinde Köln 1953 der Domgemeinde in Güstrow schenkte. Seitdem schwebt der berühmte Friedensengel von Ernst Barlach auch wieder an seinem ursprünglichen Heimatort Güstrow.

Der Schwebende von Ernst Barlach in der nördlichen Seitenkapelle der Antoniterkirche.
Foto: Engelbert Broich

A.D.

No. 131402

A

GEORGE V. BY THE GRACE OF GOD,

Of the United Kingdom of Great Britain and Ireland and of the British Dominions beyond the Seas King, Defender of the Faith, Emperor of India: To all to whom these presents shall come greeting:

WHEREAS

hath declared that he is in possession of an invention for

that he claims to be the true and first inventor thereof, and that the same is not in use by any other person to the best of his knowledge and belief:

AND WHEREAS the said inventor hath humbly prayed that a patent might be granted unto him for the sole use and advantage of his said invention:

AND WHEREAS the said inventor (hereinafter together with his executors, administrators, and assigns, or any of them, referred to as the said patentee) hath by and in his complete specification particularly described the nature of his invention:

AND WHEREAS We, being willing to encourage all inventions which may be for the public good, are graciously pleased to condescend to his request:

KNOW YE, THEREFORE, that We, of our especial grace, certain knowledge, and mere motion do by these presents, for us, our heirs and successors, give and grant unto the said patentee our especial license, full power, sole privilege, and authority, that the said patentee by himself, his agents, or licensees, and no others, may at all times hereafter during the term of years herein mentioned, make, use, exercise, and vend the said invention within our United Kingdom of Great Britain and Ireland, and Isle of Man, in such manner as to him or them may seem meet, and that the said patentee shall have and enjoy the whole profit and advantage from time to time accruing by reason of the said invention, during the term of sixteen years from the date hereunder written of these presents: AND to the end that the said patentee may have and enjoy the sole use and exercise and the full benefit of the said invention, We do by these presents for us, our heirs and successors, strictly command all our subjects whatsoever within our United Kingdom of Great Britain and Ireland, and the Isle of Man, that they do not at any time during the continuanc of the said term of sixteen years either directly or indirectly make use of or put i practice the said invention or any part of the same, nor in anywise imitate the same nor make or cause to be made any addition thereto or subtraction therefrom, whereby to pretend themselves the inventors thereof, without the consent license or agreemen of the said patentee in writing under his hand and seal, on pain of incurring suc penalties as may be justly inflicted on such offenders for their contempt of this ou Royal command, and of being answerable to the patentee according to law for hi damages thereby occasioned:

PROVIDED ALWAYS that these letters patent shall be revocable on any of the grounds from time to time by law prescribed as grounds for revoking letter patent granted by Us, and the same may be revoked and made void accordingly PROVIDED ALSO, that if the said patentee shall not pay all fees by law require to be paid in respect of the grant of these letters patent, or in respect of any matter relating thereto at the time or times, and in manner for the time being by law provided and also if the said patentee shall not supply or cause to be supplied, for our service all such articles of the said invention as may be required by the officers or commissioners administering any department of our service in such manner, at such times, and at and upon such reasonable prices and terms as shall be settled in manner for the time being by law provided, then, and in any of the said cases, these our letters patent, and all privileges and advantages whatever hereby granted shall determine and become void notwithstanding anything herein before contained: PROVIDED ALSO, that nothing herein contained shall prevent the granting of licenses in such manner and for such considerations as they may by law be granted: AND lastly, we do by these presents for us, our heirs and successors, grant unto the said patentee that these our letters patent shall be construed in the most beneficial sense for the advantage of the said patentee.

IN WITNESS whereof we have caused these our letters to be made patent and to be sealed as of the day of one thousand nine hundred and

W. TEMPLE FRANKS,

Comptroller-General of Patents, Designs, and Trade Marks.

Konrad Adenauers britisches Patent der Sojawurst.

Fotos: Bildarchiv Stiftung Bundeskanzler-Adenauer-Haus

Populärer

Irrtum

Adenauer und die Friedenswurst

Wäre Konrad Adenauer nicht als erster Kanzler der Bundesrepublik Deutschland in die Annalen eingegangen, hätte er wohl auch gute Chancen gehabt, als Daniel Düsentrieb in Erinnerung zu bleiben. Denn der Jurist hatte Spaß am Tüfteln. So hat er vor seiner Laufbahn als CDU-Politiker Ersatzstoffe für Fleisch in Wurstwaren getestet. Am 26. Juni 1918 erhielt Konrad Adenauer ein britisches Patent auf eine Sojawurst.

1918 ist Konrad Adenauer 42 Jahre alt, stellvertretender Bürgermeister von Köln und für die Nahrungsmittelversorgung der Bewohner zuständig. Der Krieg ist vorbei, die Lebensmittel sind knapp. Bereits 1915 hat er sich ein mit Maiskörnern gestrecktes Roggenschwarzbrot patentieren lassen. Jetzt hat er eine neue Idee.

Mithilfe eines Metzgers entwickelt Konrad Adenauer ein „Verfahren zur Geschmacksverbesserung eiweißreicher und fetthaltiger Pflanzenmehle und zur Herstellung von Wurst", so steht es im Patentantrag. Die Wurst beruht auf Sojabasis: „Es ist wahr, dass Sojabohnen recht schnell sauer werden, wenn man sie in feuchtem Zustand lagert", schreibt Adenauer. „Aber wenn sie in Kontakt mit Fleisch gebracht werden, halten sie so weit wie möglich den Verwesungsvorgang auf." Adenauers sogenannte Friedenswurst, auch „Kölner Wurst" genannt, ist also länger haltbar, wenn auch für Vegetarier weniger geeignet. Denn sie enthält immer noch rund 85 Prozent Fleisch und schmeckt wohl auch nicht so gut.

Das kaiserliche Patentamt ist sowieso nicht überzeugt. Deshalb versucht es Adenauer im Ausland. Und hat nicht nur in Großbritannien Erfolg, sondern auch in Österreich, Belgien, Dänemark, der Schweiz und den Niederlanden.

©Annette Schindler – stock.adobe.com

Aha

Kölns Who's who

Die Namen auf den Grabsteinen lesen sich wie das Who's who der Kölner Stadt- und Zeitgeschichte: der Bankier und Museumsstifter Eugen Adolf Wilhelm Rautenstrauch, der Jurist und Kunstsammler Josef Haubrich, der Architekt Wilhelm Riphahn, der Gewerkschaftsführer Hans Böckler oder Nicolaus August Otto, Erfinder des Viertaktmotors und Gründer der Humboldt-Deutz Motoren Fabrik, sie alle haben hier ihre letzte Ruhe gefunden, aber auch Prominente wie Guido Westerwelle, Dirk Bach und Willy Millowitsch. Selbst Maria Clementine Martin, besser bekannt als Klosterfrau Melissengeist, liegt hier auf dem Melatenfriedhof. Viele der größten Gräber und Gruften befinden sich von der Friedhofskapelle aus entlang der Mittelachse des Friedhofs, offiziell MA abgekürzt. Die Kölner haben daraus die „Millionenallee" gemacht. Mehr als 200 Jahre alt ist die große Parkanlage im Stadtteil Lindenthal an der Aachener Straße, 1810

vom Dompfarrer Michael Joseph Dumont zum katholischen Friedhof geweiht. Ferdinand Franz Wallraf hatte ihn zuvor nach dem Vorbild des Pariser Friedhofs Père Lachaise gestaltet.
Auf dem Gelände befand sich im Mittelalter, damals noch vor den Toren der Stadt, eines von vier Siechhäusern der Stadt, ein Heim für Leprakranke. Der „hoff to Malaten" (Hof zu Melaten) wird 1243 erstmals urkundlich erwähnt. Daran erinnert heute noch der Name, denn malade bedeutet im Französischen „krank". Verlassen durften die Kranken das Gelände nicht. Nur an Feiertagen hatten sie Ausgang. In Begleitung des sogenannten Schellenknechts durften sie in die Stadt, um um Almosen zu bitten. Eine Statue an der Aachener Straße erinnert daran.

Fotos: ©Annette Schindler – stock.adobe.com (r.), ©thorstenschiller – stock.adobe.com

Rabenstein, ein Grundstück unweit des heutigen Melatenfriedhofs, diente im Mittelalter als öffentliche Hinrichtungsstätte, in der angebliche Hexen wie Katharina Henot oder Ketzer wie die Protestanten Peter Fliesteden und Adolf Clarenbach 1529 verbrannt wurden. Ein Gedenkstein in der Nähe des Haupteinganges erinnert daran. Auch Kriminelle wie die Entführer des Bäckers Philipp Ecks fanden hier ihren Tod. Erst 1797 wurde mit dem Kirchenräuber Peter Eick der letzte Mensch auf Melaten am Galgen erhängt.

Letzte Ruhe für die Geusen

Geusen wurden in Köln die Protestanten genannt, der französische Begriff bedeutet Bettler. So müssen sich die protestantischen Freiheitskämpfer aus den Niederlanden auch gefühlt haben, als sie in der Freien Hansestadt Köln Asyl fanden. Zwar waren sie hier vor Verfolgung sicher. Ihre Religion durften sie aber in der Stadt öffentlich nicht ausüben. Beerdigt wurden sie zunächst auf dem Elendsfriedhof im Vringsveedel, bis die – katholische, versteht sich – Adlige Ursula von Gohr zu Kaldenbroek 1576 den Geusenfriedhof im Weyertal stiftete, damals noch vor den Toren der Stadt. Der Geusenfriedhof unweit der Universität ist der älteste evangelische Friedhof des Rheinlands. Denn auf dem „Gottesacker der Stadt Köln", wie der zentrale Melatenfriedhof offiziell hieß, durften bis 1829 nur Katholiken bestattet werden. Julie Hasenclever war die letzte, die 1875 auf der evangelischen Begräbnisstätte beerdigt wurde. Heute steht der Geusenfriedhof unter Denkmalschutz.

Der Geusenfriedhof.

Fotos: Annette Scholl

Populärer Irrtum

Karl Marx in Köln

Chinesen statten Trier gerne einen Besuch ab. Nicht, weil es die älteste Stadt Deutschlands ist, und auch nicht wegen der Weinberge oder der malerischen Aussicht auf die Mosel. Karl Marx ist hier geboren, eine über fünf Meter große Bronzestatue schenkte die Volksrepublik China deshalb Trier zum 200. Geburtstag des berühmten Sohns der Stadt.

Wenn ihre Reise sie weiter nach Kelong, also nach Köln führt, dann meist, um den Dom zu besichtigen. Dabei müssten sie nicht weit gehen, um zu einer weiteren Wirkungsstätte des Begründers des Marxismus zu gelangen. Eine Gedenktafel am Heumarkt 65 erinnert an den Philosophen, der hier als Chefredakteur der „Neuen Rheinischen Zeitung" vom Revolutionsjahr 1848 bis 1849 gearbeitet hat.

Bereits sechs Jahre zuvor hatte Karl Marx für die liberale „Rheinische Zeitung für Politik, Handel und Gewerbe" in der Schildergasse 99 geschrieben, wo er auch den Wuppertaler Fabrikantensohn Friedrich Engels das erste Mal traf. Als die Zeitung 1843 verboten wurde, verließ Marx die Stadt zusammen mit seiner Frau Jenny von Westphalen Richtung Paris.

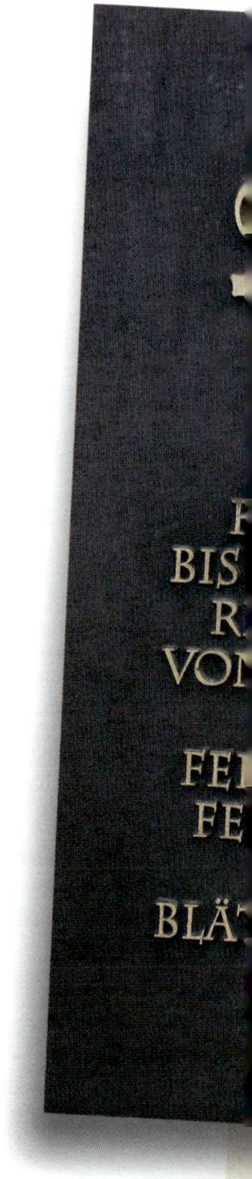

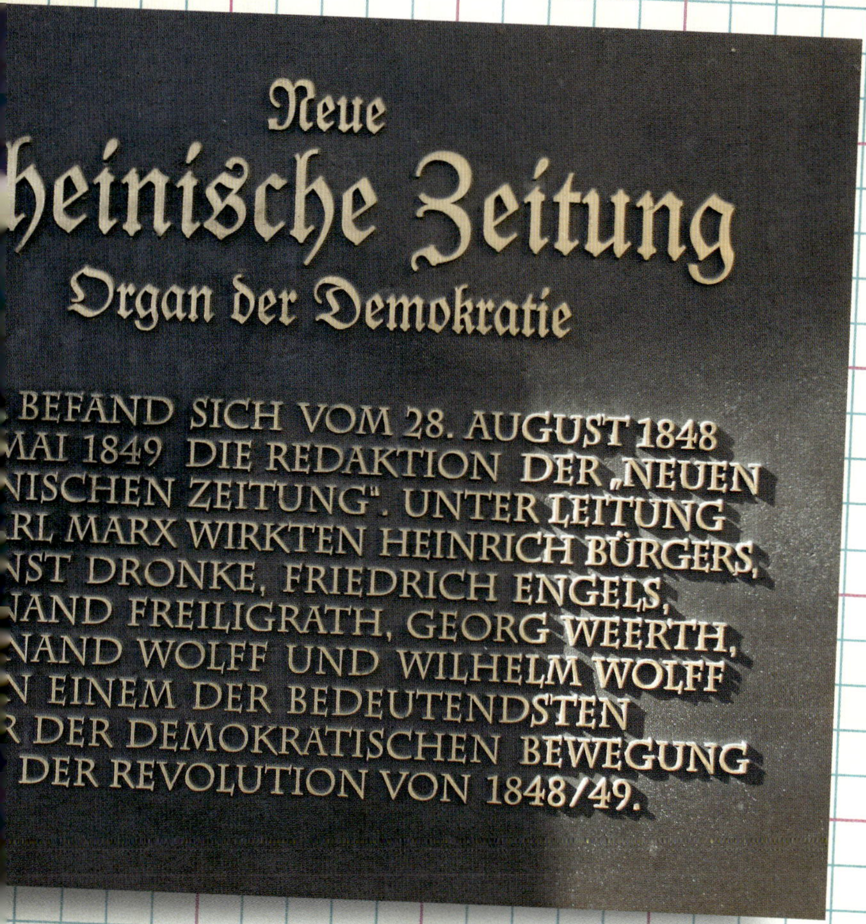
Neue
heinische Zeitung
Organ der Demokratie
BEFAND SICH VOM 28. AUGUST 1848
MAI 1849 DIE REDAKTION DER „NEUEN
NISCHEN ZEITUNG". UNTER LEITUNG
RL MARX WIRKTEN HEINRICH BÜRGERS,
NST DRONKE, FRIEDRICH ENGELS,
NAND FREILIGRATH, GEORG WEERTH,
NAND WOLFF UND WILHELM WOLFF
N EINEM DER BEDEUTENDSTEN
R DER DEMOKRATISCHEN BEWEGUNG
DER REVOLUTION VON 1848/49.

Aha

[illegible] vor der Dom erbaut [illegible]
[illegible] Groß St. Martin das [illegible]
[illegible] Panorama der Stadt
Foto: © [illegible] – stock.adobe.com

Albertus Magnus und ein römisches Schwimmbad

Albertus Magnus war in vielen Orten zuhause, der berühmte Universalgelehrte hat in Venedig, Paris und Bologna gelebt und gelehrt. Doch immer wieder ist der Philosoph nach Köln zurückgekehrt. Kein Wunder also, dass Albertus Magnus in Köln auch seine letzte Ruhe gefunden hat: in einem römischen Sarkophag in der Krypta der St. Andreas-Kirche. Sie ist eine der zwölf romanischen Kirchen Kölns. Genauer gesagt, eine der großen romanischen Kirchen, denn in Köln gibt es auch noch 13 kleine romanische Kirchen.
Erbaut sind die zwölf romanischen Kirchen zwischen 1150 und 1250. St. Pantaleon ist die älteste, St. Kunibert die jüngste der romanischen Kirchen. Allen zwölf gemeinsam ist: Sie befinden sich innerhalb der ehemaligen Stadtmauer in einer Art Halbkreis entlang der Via Sacra. Neben dem Kölner Dom gehören sie heute zu den bedeutendsten Wahrzeichen der Stadt. Die Ursprünge einiger romanischer Kirchen reichen bis zur Zeit der Römer zurück, wie beispielsweise St. Maria im Kapitol. Die größte der romanischen Kirchen wurde auf dem römischen Capitolstempel errichtet, der zu Ehren von Jupiter, Juno und Minerva erbaut worden war.

Die Fundamente von Groß St. Martin hingegen haben einen rein profanen Ursprung und gehen auf eine Sport- und Schwimmanlage für römische Soldaten zurück, die damals noch auf einer der Stadt vorgelagerten Rheininsel gelegen hat. Reste davon sind noch in der Krypta zu besichtigen. Später nutzten die Römer die Räumlichkeiten als Lagerhallen, noch später sogar als Steinbruch.
Die Franken weihten im 5. Jahrhundert dann die von ihnen errichtete Kirche dem heiligen St. Martin. Auch die späteren Neubauten aus dem zehnten und zwölften Jahrhundert sind immer wieder auf den alten römischen Fundamenten errichtet worden.

Groß Sankt Martin Kirche am Fischmarkt Köln.
Fotos: pixs:sell / stock.adobe.com

Riphan-Bauten: die Oper (o.) und das Schauspielhaus (Mitte).
Fotos: ©Raimond Spekking / CC BY-SA 4.0 (o.), ©Raimond Spekking / CC BY-SA 3.0 (Mitte)

Aha

Architekt der neuen Sachlichkeit

Als nach dem Zweiten Weltkrieg das weitgehend zerstörte Köln für die Einwohner und die zahlreichen Flüchtlinge wiederaufgebaut werden musste, hatten Schnelligkeit und Zweckmäßigkeit oberste Priorität. Ästhetik spielte wohl eine eher untergeordnete Rolle, denkt sich der Betrachter heute bisweilen mit Bedauern. Eine Ausnahme sind die Bauten des Kölner Architekten Wilhelm Riphahn (* 1889, † 1963). Sein Stil des neuen Bauens sah eher flache, kubische Bauten vor, schlicht und ohne Schnörkel sollten sie sein. Vor allem sollten sie ohne das Monumentale der Nazidiktatur auskommen. Bereits in den 1920er Jahren baute Wilhelm Riphahn, Sohn einer alteingesessenen Baumeisterfamilie, moderne Wohnsiedlungen. Sie waren angelehnt an den Expressionismus wie beim Grünen Hof im Stadtteil Mauenheim, kubistisch wie in der Siedlung in Zollstock oder im Stil der Moderne wie in der Weißen Stadt im heutigen Buchforst. In der Nachkriegszeit prägte er wie kein Zweiter das neue Stadtbild Kölns. Für die Franzosen und Briten schuf er in den 1950er Jahren den Flachbau für das Institut français am Sachsenring und das „British Council – Die Brücke" an der Hahnenstraße, das heute vom Kölnischen Kunstverein genutzt wird. Auch der benachbarte Stoffpavillon Moeller, heute ein Sprachinstitut, zeigt mit der neuen Sachlichkeit seine Handschrift, ebenso wie die Spielstätten der Oper und des Theaters am Offenbachplatz.
Wie seine Architektur neigte Riphahn auch als Person nicht zur Protzerei. Nur auf eines war er dann wohl doch ein wenig stolz. Zumindest soll er von seiner „Bastei" am Rheinufer in der Nähe des Ebertplatzes immer ein Foto mit sich getragen haben. Zu Recht: Das futuristisch anmutende Restaurant mit Rheinblick, 1924 erbaut und 1959 restauriert, zählt immer noch zu den beliebtesten Fotomotiven Kölns.

KASSE

SCHAUSPIEL KØLN

BASTEI
caffe' pasta vino

Bastei am Rheinufer.
Foto: ©Superbass / CC-BY-SA-3.0

Aha

Damals wie heute beliebt: die Kölner Uni

Bei Studierenden ist Köln trotz der hohen Mieten selbst für kleinste Studentenbuden sehr beliebt. Köln ist hip, das Lebensgefühl im Studentenviertel rund um den Zülpicher Platz locker und leger. Das hat über 53.000 Studierende im Wintersemester 2016/2017 zu den mehr als 300 Studiengängen angelockt. Die Universität mit dem Exzellenzstatus ist damit die zweitgrößte Hochschule Deutschlands.
Mit ihrer Gründung im Jahr 1388 ist sie auch eine der ältesten Hochschulen nicht nur in Deutschland, sondern sogar Europas. Nach Prag (1348), Wien (1365) und Heidelberg (1386) ist Köln die vierte Universitätsgründung im spätmittelalterlichen Deutschen Reich. Ihre Gründung verdankt sie der Initiative der Kölner Bürger, eine Besonderheit, denn zu der damaligen Zeit war es üblich, dass weltliche oder geistliche Regenten die Errichtung von Universitäten anregten. Papst Urban VI. hat die Stiftungsurkunde der Universität unterzeichnet. Schon bald ist Köln eine der größten Universitätsstädte des Mittelalters.
Als die Franzosen 1798 Köln besetzen, wird die Universität geschlossen und erst nach dem Ersten Weltkrieg 1919 von Oberbürgermeister Konrad Adenauer als „Neue Universität zu Köln" wieder gegründet. Zehn Jahre später wird der Grundstein für den Neubau am Albertus-Magnus-Platz gelegt.

Albertus-Magnus-Denkmal vor dem Hauptgebäude der Universität zu Köln.

Foto: ©1971markus / CC BY-SA 4.0

Populärer

Irrtum

Wo sich einst die Fische stapelten

Der Hamburger Fischmarkt ist ohne Frage weltberühmt. Marktschreier wie der Aale-Dieter locken jedes Jahr tausende Touristen und Feinschmecker zum Hamburger Wahrzeichen. Auch Köln hat seinen Fischmarkt. Der ist zwar weniger spektakulär, dafür aber historisch. Bereits im frühen Mittelalter wurden in der heutigen Altstadt Fische feilgeboten. Das hatte einerseits natürlich mit der Lage direkt am Rhein zu tun. Auch hatte die Kirche im katholisch geprägten Köln beim Speiseplan ein Wörtchen mitzureden, und so kam freitags kein Fleisch auf den Teller, sondern Fisch. Die ersten Häuser für die Fischhändler entstanden um 1100, in unmittelbarer Nähe der damaligen Benediktinerabtei und der heutigen Kirche Groß St. Martin. Das „forum piscium" wird erstmals im 12. Jahrhundert urkundlich erwähnt. Ausschlaggebend für die Entwicklung des Fischmarkts war jedoch das Stapelrecht, das Köln 1259 erhielt. Es besagte, dass alle Waren, die durch Köln liefen, auch drei Tage lang in Köln zum Kauf angeboten werden mussten. Der Umschlagplatz für den Fischhandel befand sich im sogenannten Stapelhaus. Hier konnten sich die Kölner für den Eigenbedarf eindecken oder auch Ware für den Weiterverkauf erwerben. Die musste dann umgepackt werden und erhielt ein Brandzeichen mit drei Kronen, als Zeichen für die Reliquien der Heiligen Drei Könige.

Im Zweiten Weltkrieg wurde der Fischmarkt zwar weitgehend zerstört, aber später wieder nach historischem Vorbild aufgebaut. Daher finden sich hier einige schmale, hohe Häuser mit spitzen Giebeln, wie sie für den mittelalterlichen Fischmarkt typisch waren. Auch das Stapelhaus ist noch da und beherbergt heute die Kreishandwerkerschaft Köln.

Mit mittelalterlichem Charme: die wiederaufgebauten Häuser am Kölner Fischmarkt.

Foto: ©ines39 – stock.adobe.com

Aha

Modern meets past

Die Mischung macht's im neuen Hafenviertel von Köln: Futuristisches liegt neben Historischem, Industrie trifft auf Kunst und Kultur, Wohnen und Arbeiten vereint, all das ist im Rheinauhafen unweit der Südstadt aufs Engste miteinander verwoben.
Der Hafenkran Nr. 35, in Köln besser bekannt als „dicker Herkules", erinnert dabei an den Aufbau der Agrippinawerft. Der Verladekran mit einer Hebekraft von 30.000 Kilogramm ist der einzige der sechs Kräne, der noch aus den Anfangszeiten des Hafens stammt. Seit 1897 war er unermüdlich im Einsatz, erst handbetrieben, später dann mit Elektroantrieb, bevor er 1996 unter Denkmalschutz gestellt wurde. Doch zuvor hat Kran Nr. 35 noch ein anderes Schwergewicht in luftige Höhen gehievt: den „dicken Pitter", die 24 Tonnen schwere Glocke des Kölner Doms.
Die drei Kranhäuser im Rheinauhafen mit ihren Glasfronten sind zum neuen Wahrzeichen von Köln geworden. Mit ihrer L-förmigen Architektur sollen die zwischen 2006 und 2010 erbauten Hochhäuser an die hafentypische Kranform erinnern.

Alt und neu: das Hafenamt im Licht der futuristischen Kranhäuser.
Foto: ©Heinz Waldukat – stock.adobe.com

Eine wichtige Hafenstadt war Köln bereits zur Zeit der Römer. Auch zum Aufschwung der Stadt im Mittelalter trug der Kölner Binnenhafen bei. Entscheidend dafür war das kaiserlich bestätigte Stapelrecht, wonach alle Waren, die Köln auf dem Rhein passieren sollten, hier ausgeladen und für drei Tage zum Kauf angeboten werden mussten.
Zu Beginn der 1850er Jahre wurde der Hafen Rheinau unter Nutzung des sogenannten Werthchens, einer vorgelagerten Insel im Rhein, in Betrieb genommen. Dort, wo heute das Schokoladenmuseum – einst das preußische Hauptzollamt – liegt, war der Zollhafen. Entlang der Hansawerft wurden die Lagerhallen 10, 11 und 12 gebaut. Doch allmählich passte der Rheinauhafen nicht mehr für die modernen Frachtschiffe und 2001 wurde der Hafenbetrieb schließlich eingestellt. Denn spätestens durch die beiden neueren Häfen in Niehl war der Rheinauhafen zu klein geworden. Auch die drei anderen Häfen in Deutz, Mülheim und Godorf passten sich besser den Bedürfnissen der Zeit an.

Das Jan-Wellem-Denkmal
im Köln-Mülheimer Stadtgarten.
Foto: ©HOWI / CC-BY-SA-3.0

Populärer Irrtum

Ein Düsseldorfer auf der Schäl Sick

Was sich neckt, das liebt sich, auch wenn das natürlich kaum einer jemals zugeben würde. Das gilt wohl auch für das Verhältnis zwischen den Kölnern und den Bewohnern der verbotenen Stadt, den Düsseldorfern.

Die Frotzeleien über die (vermeintliche) Rivalität zwischen den beiden Rheinmetropolen gehören zum guten Ton: Alaaf oder Helau, Kölsch oder Alt, FC oder Fortuna, neuerdings auch Rheinau- oder Medienhafen. Die Fehde ist Jahrhunderte alt und geht angeblich auf die Schlacht von Worringen zurück, als am 5. Juni 1288 Kölner auf Düsseldorfer trafen, wie es heißt. Doch der eigentliche Hintergrund des Kampfes war ein Erbfolgestreit um das Fürstentum Limburg sowie die Rivalität zwischen dem Erzbischof von Köln, der damals im Mittelalter größten Stadt, und dem Graf von Berg, zu dessen Herrschaftsgebiet auch das noch bäuerliche Düsseldorf zählte. Die Mannen des Erzbischofs gingen als Verlierer vom Feld, er selbst wurde monatelang auf Schloss Burg in Gewahrsam genommen. Düsseldorf wurden nur wenige Monate nach dem Gemetzel die Stadtrechte zugesprochen und es wurde zur Residenz der Grafen von Berg.
Ein Nachfahre von ihnen ist Johann Wilhelm, Herzog von Jülich und Berg sowie Kurfürst von der Pfalz (1658–1716), besser bekannt als Jan Wellem. Der Düsseldorfer Stadtvater kam immer wieder gern zu Besuch nach Mülheim, damals noch eine selbstständige Stadt, heute ein Bezirk im Kölner Norden. Mülheim lag auf dem Weg zu seinen Jagdgebieten im Buch- und Königsforst. Bei einem der Besuche gab sich der Fürst volksnah und nahm am Schießen des St.-Sebastianus-Schützenvereins teil – und schoss dabei sogar den Vogel ab. Das ist nachzulesen auf dem Sockel eines über drei Meter großen Denkmals, das im Mülheimer Stadtgarten steht.
Doch der wahre Grund für das Denkmal ist ein anderer: Es bezeugt die Dankbarkeit des Mülheimer Textilfabrikanten Christoph Andreae, dessen protestantische Familie 1714 aus dem katholisch dominierten Köln vertrieben worden war. Im toleranteren Mülheim hatten sie Zuflucht gefunden und dort hatte das lutherische Herrschergeschlecht der Grafen von Berg das Sagen, deren oberster Vertreter ab 1679 Jan Wellem war.

Birlikte im Schanzenviertel

Einst wurde Franz Carl Guilleaume der Jüngere der „Siemens des Westens" genannt. 1874 gründete der Spross einer Unternehmerfamilie in der Schanzenstraße in Köln-Mülheim das Carlswerk. Hier wurden für die Industrie Kabel und Drähte verschiedenster Art produziert. Mit dem Ausbau der Produktion von Stahlseilen, Starkstrom- und Telekommunikationskabeln mauserte sich das Werk auf der rechten Rheinseite nach dem Zweiten Weltkrieg zu einem wichtigen Arbeitgeber. 1960 hatten Felten & Guilleaume, zu dem das Carlswerk gehörte, rund 23.560 Mitarbeiter. Doch das ist längst Geschichte. In den 1980er Jahren begann der wirtschaftliche Niedergang und mit ihm ein langsamer Wandel des gesamten Stadtteils. Da, wo einst Arbeiter in Blaumännern malochten, sind heute Verlage, Medienagenturen, Fernsehproduktionen und Radiostationen eingezogen. Sie schätzen den Industriecharme der einstigen Werkshallen hinter den Backsteinmauern. Auch das Schauspiel Köln hat hier einen Ersatzspielort eingerichtet. Der Carlsgarten, Teil der Urban-Gardening-Szene Kölns, sorgt im Sommer mit seinen Hochbeeten für zusätzliches Flair. Die Cafés und Restaurants werden in der Mittagspause nicht nur von Medienschaffenden frequentiert. Sie sind auch ein beliebter Treffpunkt für die Besucher nach Konzerten im benachbarten E-Werk, einem ehemaligen Elektrizitätswerk, oder dem direkt gegenüberliegenden Palladium, einer ehemaligen Maschinenbauhalle. Manche schätzen auch die unmittelbare Nachbarschaft zur Keupstraße. Die überwie-

Das Festival Birlikte – Zusammenstehen in der Keupstraße.
Foto: ©Raimond Spekking / CC BY-SA 4.0

gend von türkischen Migranten bewohnte Wohn- und Einkaufsstraße gelangte 2004 zu trauriger Berühmtheit, als dort eine Nagelbombe des Nationalsozialistischen Untergrunds (NSU) vor einem Friseurgeschäft explodierte. Doch bis die eigentlichen Täter ermittelt waren, standen die Bewohner selbst jahrelang unter Generalverdacht. Das gegenseitige Misstrauen hat bei allen Spuren hinterlassen. Das deutsch-türkische Aktionsbündnis Birlikte versucht dem etwas entgegenzusetzen. Unter dem Motto „Zusammenstehen, zusammenleben, zusammenreden" hat es 2014 das erste Mal ein gemeinsames Kulturfest veranstaltet – auf der Schanzenstraße.

Das Gebäude des ehemaligen Werks Felten & Guilleaume Carlswerk AG, Köln-Mülheim.
Foto: ©HOWI / CC-BY-SA-3.0

Aha

Repräsentativ: Overstolzenhaus

Alles nur Fassade: Wer das sagt, kennt nicht das Overstolzenhaus in der Rheingasse. Denn nur weil die Fassade während des Zweiten Weltkriegs nicht komplett zerstört wurde, konnte das zwischen 1220 und 1225 erbaute Gebäude wieder restauriert werden – und ist damit das einzige erhaltene romanische Patrizierhaus in Köln und nach Expertenmeinung zugleich das größte und schönste in ganz Deutschland. Sein Markenzeichen: die Fassade mit Stufengiebel, Doppelarkaden- und Rundfenstern.
Das Erdgeschoss nutzte die durch den Tuchhandel zu Geld gekommene Kaufmannsfamilie Overstolz fürs Repräsentieren, der erste Stock diente zum Wohnen, in den weiteren Etagen lagerten die Waren. Wohn- und Kontorhäuser wie das der Overstolz gab es auch am Alter Markt, am Holzmarkt und am Filzengraben. Sie alle imponierten durch ihre prächtige Vorderansicht. Seit 1989 hat die Kunsthochschule für Medien ihren Sitz im Overstolzenhaus und beherbergt dort seit 2006 ihre Bibliothek.

Das Overstolzenhaus in der Kölner Altstadt-Süd.
Foto: ©Rolf Heinrich, Köln / CC-BY-SA-3.0

Ältester Regierungssitz

Wenn Sie vor dem Kölner Rathaus stehen und denken: „Das kommt mir aber spanisch vor", liegen Sie gar nicht so falsch. Denn tatsächlich heißt ein Gebäudekomplex des Rathauses Spanischer Bau. Den Namen verdankt das Gebäude dem katholischen Militärbündnis im Dreißigjährigen Krieg, der Spanischen Liga, die sich hier 1623 getroffen hat.
Als nach dem Zweiten Weltkrieg in den 1950er Jahren mit dem Wiederaufbau begonnen wurde, entdeckte man bei den Bauarbeiten im Boden, wie so oft in Köln, Überreste aus der römischen Epoche. Bereits vor mehr als 2000 Jahren befand sich an der Stelle, wo auch heute noch über die Geschicke der Stadt beraten wird, der Amtssitz des Statthalters der römischen Provinz Niedergermanien. Das Prätorium ist damit der älteste Regierungssitz Kölns. Erhalten sind Reste aus allen Bauepochen, von der Zeit um Christi Geburt bis zum 4. Jahrhundert. Sie sind Teil der entstehenden Archäologischen Zone, die zur historischen Visitenkarte Kölns werden soll und zu der unter anderem römische Thermen, Hospitäler und das jüdische Ritualbad gehören.

Der Spanische Bau am Kölner Rathaus vom Rathausplatz aus gesehen.
Foto: ©Raimond Spekking / CC BY-SA 4.0

Aha

Am Tisch bei Dionysos

Stilvoll speisten die Mächtigen dieser Welt, als sie 1999 beim G8-Gipfel in der Domstadt zu Gast waren. Clinton, Chirac und Co. nahmen ihre Mahlzeit bei Dionysos zu sich. Das war jedoch nicht der Grieche um die Ecke, sondern das berühmte Mosaik aus dem 3. Jahrhundert im Römisch-Germanischen Museum. Und damit sie dem Gott des Weins auch von Angesicht zu Angesicht zuprosten konnten, saßen die Staatsmänner an einem durchsichtigen Tisch aus Acryl.
Freigelegt worden war der kunstvolle Fußboden einer vornehmen römischen Stadtvilla 1941 bei Bauarbeiten für einen Luftschutzbunker am Kölner Dom. Eine archäologische Sensation, der man sich aber während des Zweiten Weltkriegs nicht angemessen widmen konnte. Erst nach dem Krieg wurde das Mosaik 1946 der Öffentlichkeit zugänglich gemacht und später das Römisch-Germanische Museum um das rund 75 Quadratmeter große Fundstück aus mehr als einer Million Mosaiksteinen herum gebaut.

Das Dionysos-Mosaik im Römisch-Germanischen Museum.
Foto: ©Denis Barthel / CC BY-SA 4.0

Aha EXTRA

Köln. Eine Zeitreise

Erstes Jahrhundert v. Chr.
Gründung der Ubiersiedlung Oppidum Ubiorum durch die Römer.

50 n. Chr.
Die römische Kaiserin Agrippina ernennt Köln zur Stadt und gibt ihr den Namen Colonia Claudia Ara Agrippinensium. Aus dem lateinischen Wort Colonia entwickelt sich ab dem 9. Jahrhundert im Laufe der Zeit über Coellen, Cöllen, Cölln und Cöln der heutige Name.

321
Erstmals wird eine größere Gruppe jüdischer Einwohner Kölns im Dekret von Kaiser Konstantin erwähnt.

Um 450
Endgültiger Zusammenbruch der römischen Herrschaft im Rheinland.

480
Frankenkönig Sigibert macht Köln zur Hauptstadt seines Reiches.

785
Karl der Große gründet das Erzbistum Köln.

1164
Erzbischof Rainald von Dassel bringt die Reliquien der Heiligen Drei Könige von Mailand nach Köln.

1221
Niederlassung des ersten Bettelordens, der Minoriten.

1248
Konrad von Hochstaden legt am 15. August den Grundstein für den neuen Dom.

1341
Am 7. März wird erstmals der Karneval im städtischen Eidbuch erwähnt.

Makroaufnahme des großen gotischen Kölner Stadtsiegels am Verbundbrief von 1396.
Foto: ©HOWI / CC-BY-SA-3.0

1349
Die Pest wütet in Köln, es kommt vom 23. auf den 24. August in der Bartholomäusnacht zu einem Judenpogrom.

1388
Am 22. Dezember gründen Bürger mit der Erlaubnis von Papst Urban die Universität zu Köln. Nach Prag (1348), Wien (1365) und Heidelberg (1386) ist Köln die vierte Universitätsgründung im spätmittelalterlichen Deutschen Reich. Im ersten Jahr waren an der Kölner Uni rund 700 Studierende immatrikuliert, derzeit sind es rund 50.000 Studierende.

1424
Juden werden aus der Stadt verwiesen.

1475
Kaiser Friedrich III. verleiht Köln offiziell den Rang einer freien Reichsstadt.

1529
Adolf Clarenbach wird zusammen mit Peter Fliesteden wegen seines protestantischen Glaubens als Ketzer auf der Richtstätte Rabenstein nahe des Melaten-Friedhofs verbrannt.

1553
Gründung der Kölner Börse, nach Augsburg und Nürnberg die drittälteste Börse in Deutschland.

1709
Der Kaufmann Johann Maria Farina bringt sein Eau de Cologne auf den Markt und gründet die vermutlich weltweit erste Parfümfabrik.

1784
Mit 13,55 Metern erreicht das Hochwasser am 28. Februar seinen bislang höchsten Stand. Das Wasser erreicht Alter Markt und Heumarkt, in der Stadt gibt es 35 Todesopfer, Mülheim wird weitgehend zerstört.

1794
Französische Revolutionstruppen besetzen Köln.

1802
Christoph Winter gründet das Hänneschen Theater.

1823
Der erste von einem Festkomitee organisierte Rosenmontagszug findet statt.

1839
Franz Stollwerck gründet eine Mürbebäckerei, aus der später die bekannte Schokoladenfabrik wird.

Vorzugsaktie über 1000 Mark der Gebrüder Stollwerck AG vom 17. Juli 1902.
Foto: Wikipedia

1842
Karl Marx zieht nach Köln und bleibt bis 1843 Redakteur bei der „Rheinischen Zeitung". Von 1848 bis 1849 ist er Chefredakteur der „Neuen Rheinischen Zeitung" in Köln.

1847
Franz Millowitsch gründet in Deutz ein Puppentheater. Überregional bekannt wird das Theater später durch den Volksschauspieler Willy Millowitsch, der 1989 Ehrenbürger der Stadt wird. Er stirbt 1999 und wird auf dem Melaten-Friedhof beigesetzt. Sein Sohn Peter Millowitsch hat das Theater nach sieben Generationen am 25. März 2018 aus finanziellen Gründen schließen müssen.

Der im Bau befindliche Kölner Dom, 1855. Foto: Johannes Franciscus Michiels / Wikipedia

1880
Der Dom ist fertig – nach 632 Jahren.

1917
Konrad Adenauer wird Oberbürgermeister.

Ab 1933
Als Folge der Machtübernahme der Nationalsozialisten werden allein im März 1933 rund 1.000 politische Gegner im Regierungsbezirk Köln verhaftet. Teile der Provinzial-Arbeitsanstalt in Brauweiler dienen 1933/34 als „Konzentrationslager Brauweiler". Größtes Gefängnis ist die Haftanstalt Klingelpütz, in die von 1933 bis 1945 schätzungsweise 100.000 Menschen verschleppt wurden. Verrufen war der Klingelpütz vor allem wegen der hohen Anzahl an Hinrichtungen (auf über 1.000 Personen geschätzt).

1942–1945
Die Kölner Altstadt wird zu rund 90 Prozent zerstört, im gesamten Stadtgebiet sind es mehr als 72 Prozent. Die Stadt ist mehr als 260 Mal bombardiert worden. Rund 20.000 Einwohner sterben durch die Luftangriffe, beim verheerendsten Schlag in der Nacht auf den 29. Juni 1943 werden etwa 4.300 Menschen getötet, rund 230.000 werden obdachlos.
Der Krieg ist beendet am Abend des 6. März 1945. Im linksrheinischen Köln rücken Panzer der US-Armee zur gesprengten Hohenzollernbrücke vor.

1968
Zwischen Friesenplatz und Dom fährt am 11. Oktober die erste U-Bahn der Kölner Verkehrsbetriebe.

Die evangelische Theologin Dorothee Sölle etabliert in der Antoniterkirche das Politische Nachtgebet. Zum ökumenischen Arbeitskreis gehört auch Heinrich Böll, sogar der damalige Bundespräsident Gustav Heinemann kommt ein Mal zu Besuch.

1996
Die UNESCO erklärt den Dom zum Weltkulturerbe.

2004
Beim sogenannten Nagelbombenattentat in der Mülheimer Keupstraße detoniert am 9. Juni vor einem türkischen Friseurgeschäft eine Bombe. Zunächst stehen die zumeist türkischstämmigen Bewohner der belebten Wohn- und Geschäftsstraße in Verdacht, bis sich später herausstellt, dass der Nationalsozialistische Untergrund (NSU) für die Tat verantwortlich war. Zuvor hatte der NSU bereits 2001 in der Probsteigasse einen Sprengstoffanschlag auf das Lebensmittelgeschäft einer Migrantenfamilie verübt.

2009
Das Kölner Stadtarchiv stürzt am 3. März bei Bauarbeiten für eine neue U-Bahn ein. Auch zwei Wohnhäuser stürzen in die 25 Meter tiefe Grube. Zwei Menschen sterben. Der allergrößte Teil der wertvollen Dokumente

konnte geborgen werden. Nach Schätzungen von Experten wird es mindestens 30 bis 40 Jahre dauern, bis die Archivalien Forschern und interessierten Bürgern wieder zur Verfügung stehen.

2010
Köln ist wieder Millionenstadt. Zuletzt waren 1975 so viele Bürger in der Stadt angemeldet.

2018
Einweihung der Zentralmoschee in Ehrenfeld.

Was andere übers Köln sagen

„Köln ist meine Liebe und meine Heimat, der FC und die Stadt vertrete ich mit allem, was ich habe. Köln wird immer in meinem Herzen sein."

Lukas Podolski

„Jeder Jeck ist anders, und in Köln sind Toleranz und Ignoranz Geschwister."

Frank Schätzing
in seinem Buch „Keine Angst"

„Köln profitiert seit jeher von seiner Weltoffenheit. Dieses Gemeinsame von Weltoffenheit und lokaler Verbundenheit und starkem Zusammenhalt, das ist, glaube ich, ein Markenzeichen Ihrer Stadt, und das macht es den Zugewanderten genauso wie den Einheimischen immer wieder leicht, Köln als Heimat zu bezeichnen."

Angela Merkel
bei einem Besuch 2017

„Hey Kölle – do ming Stadt am Rhing,
he wo ich jroß jewode ben.
Do bes en Stadt met Hätz un Siel.
Hey Kölle, do bes e Jeföhl!"

Die Musikgruppe Höhner

Und das sage ich …